öbv

Götz | Kraft

Mathematische Formelsammlung

Nach den Lehrplänen für die allgemein bildenden höheren Schulen

neu bearbeitet von

Ao. Univ.-Prof. Mag. Dr. Stefan Götz

www.oebv.at

1 Potenzen und Wurzeln

$a, b \in \mathbb{R}^+;\ r, s \in \mathbb{R};\ k \in \mathbb{Z};\ m, n \in \mathbb{N}^*$

$a^n = \underbrace{a \cdot a \cdot \ldots \cdot a}_{n \text{ Faktoren}}$ $\quad a^0 = 1$ $\quad a^1 = a$

$a^{-n} = \frac{1}{a^n} = \left(\frac{1}{a}\right)^n$ $\quad a^{-1} = \frac{1}{a}$ $\quad a^{\frac{1}{n}} = \sqrt[n]{a}$

$a = \sqrt[n]{b} \Leftrightarrow a^n = b$ $\quad a^{\frac{k}{n}} = \sqrt[n]{a^k}$ $\quad a^{-\frac{k}{n}} = \frac{1}{\sqrt[n]{a^k}}$ $\quad a^{\frac{1}{r}} = \sqrt[r]{a}$ $\quad r \neq 0$

Rechenregeln

$a^r \cdot a^s = a^{r+s}$

$a^r : a^s = a^{r-s}$

$(a^r)^s = a^{r \cdot s}$

$(a \cdot b)^r = a^r \cdot b^r$

$\left(\frac{a}{b}\right)^r = \frac{a^r}{b^r}$

$\sqrt[n]{a^k} = \sqrt[n \cdot m]{a^{k \cdot m}}$

$\sqrt[n]{\sqrt[m]{a}} = \sqrt[n \cdot m]{a}$

$(\sqrt[n]{a})^k = \sqrt[n]{a^k}$

$\sqrt[n]{a \cdot b} = \sqrt[n]{a} \cdot \sqrt[n]{b}$

$\sqrt[n]{\frac{a}{b}} = \frac{\sqrt[n]{a}}{\sqrt[n]{b}}$

$a, b, c \in \mathbb{R};\ n \in \mathbb{N}^*$

$$(a \pm b)^2 = a^2 \pm 2ab + b^2$$
$$(a \pm b)^3 = a^3 \pm 3a^2b + 3ab^2 \pm b^3$$
$$(a + b + c)^2 = a^2 + b^2 + c^2 + 2ab + 2ac + 2bc$$

$$a^2 - b^2 = (a - b)(a + b)$$
$$a^3 - b^3 = (a - b)(a^2 + ab + b^2)$$
$$a^3 + b^3 = (a + b)(a^2 - ab + b^2)$$

$$a^n - b^n = (a - b)(a^{n-1} + a^{n-2}b + a^{n-3}b^2 + \ldots + b^{n-1})$$

n ungerade

$$a^n + b^n = (a + b)(a^{n-1} - a^{n-2}b + a^{n-3}b^2 - \ldots + b^{n-1})$$

Formel für $(a + b)^n$ [binomischer Lehrsatz] auf Seite 32.

2 Logarithmen

$a, b \in \mathbb{R}^+\setminus\{1\}$; $u, v \in \mathbb{R}^+$; $r, x \in \mathbb{R}$; $n \in \mathbb{N}^*$

$a^x = u \Leftrightarrow x = {}^a\log u = \log_a u$ $\quad {}^a\log 1 = 0$ $\quad {}^a\log a = 1$ $\quad {}^a\log \frac{1}{a} = -1$

${}^a\log a^x = x$ $\quad {}^a\log \frac{1}{b} = -{}^a\log b$

Rechenregeln

${}^a\log(u \cdot v) = {}^a\log u + {}^a\log v$ $\quad {}^a\log \frac{u}{v} = {}^a\log u - {}^a\log v$

${}^a\log u^r = r \cdot {}^a\log u$ $\quad {}^a\log \sqrt[n]{u} = \frac{1}{n} \cdot {}^a\log u$

Spezielle Logarithmen

${}^e\log a = \ln a$ $\quad {}^{10}\log a = \lg a$ $\quad {}^2\log a = \operatorname{ld} a$

$e = \lim\limits_{n\to\infty}\left(1+\frac{1}{n}\right)^n = 2{,}71828\ldots$ $\quad a = e^{\ln a} = 10^{\lg a} = 2^{\operatorname{ld} a}$

Umrechnungen

${}^b\log u = \frac{1}{{}^a\log b} \cdot {}^a\log u = {}^b\log a \cdot {}^a\log u$ $\quad {}^a\log u = \frac{\ln u}{\ln a} = \frac{\lg u}{\lg a} = \frac{\operatorname{ld} u}{\operatorname{ld} a}$

$\ln u = \frac{1}{\lg e} \cdot \lg u$ $\quad \lg u = \frac{1}{\ln 10} \cdot \ln u$ $\quad {}^{\frac{1}{a}}\log u = -{}^a\log u$

$\lg e = 0{,}43429\ldots$ $\quad \ln 10 = 2{,}30258\ldots$

3 Quadratische Gleichungen

$x^2 + px + q = 0$

$$x_{1,2} = -\frac{p}{2} \pm \sqrt{\left(\frac{p}{2}\right)^2 - q}$$

$a \neq 0$ $\quad ax^2 + bx + c = 0$

$$x_{1,2} = \frac{-b \pm \sqrt{b^2 - 4ac}}{2a}$$

Satz von Vieta

x_1 und x_2 … Lösungen einer quadratischen Gleichung

$x^2 + px + q = (x - x_1)(x - x_2)$

$x_1 + x_2 = -p$ $\quad x_1 \cdot x_2 = q$

$ax^2 + bx + c = a(x - x_1)(x - x_2)$

4 Komplexe Zahlen

$a, b, c, d, r \in \mathbb{R}; r \geq 0; y, z, z_1, z_2 \in \mathbb{C}; n \in \mathbb{N}^*; \varphi \in [0°, 360°[$

4.1 Darstellung und Rechenregeln

Binomialform

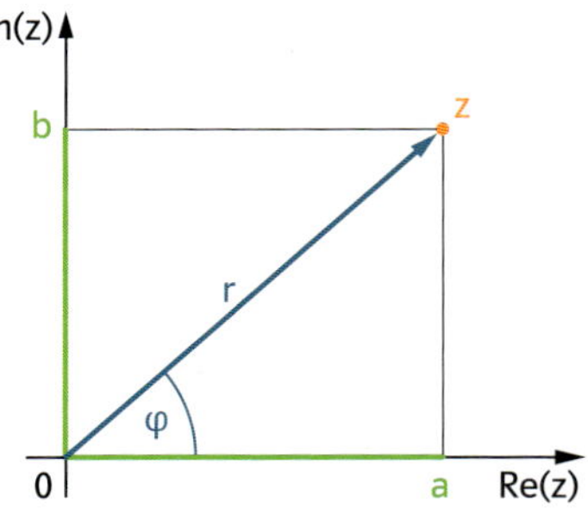

$z = a + bi \in \mathbb{C} \Leftrightarrow a, b \in \mathbb{R}$ und $i^2 = -1$

$\sqrt{-a} = i\sqrt{a}$ $a > 0$

$(a + bi)(a - bi) = a^2 + b^2$

Polardarstellung

$z = r(\cos\varphi + i\sin\varphi) = (r; \varphi)$

$|z| = r$ $\arg z = \varphi$

$r(\cos\varphi + i\sin\varphi) = re^{i\varphi}$ [Formel von Euler]

Umrechnung:

$a = r\cos\varphi$ $b = r\sin\varphi$ $r = \sqrt{a^2 + b^2}$ $\tan\varphi = \frac{b}{a}$

Addition, Subtraktion

$(a + bi) \pm (c + di) = (a \pm c) + (b \pm d)i$

Multiplikation

$(a + bi) \cdot (c + di) = (ac - bd) + (bc + ad)i$

$z_1 \cdot z_2 = r_1 \cdot r_2[\cos(\varphi_1 + \varphi_2) + i\sin(\varphi_1 + \varphi_2)] = (r_1 \cdot r_2; \varphi_1 + \varphi_2)$

$|z_1 \cdot z_2| = |z_1| \cdot |z_2|$ $\arg(z_1 \cdot z_2) = \arg z_1 + \arg z_2 - 360° \cdot k$ $k \in \{0, 1\}$

Division

$\frac{(a + bi)}{(c + di)} = \frac{(ac + bd) + (bc - ad)i}{c^2 + d^2}$ $c + di \neq 0$

$\frac{z_1}{z_2} = \frac{r_1}{r_2}[\cos(\varphi_1 - \varphi_2) + i\sin(\varphi_1 - \varphi_2)] = \left(\frac{r_1}{r_2}; \varphi_1 - \varphi_2\right)$ $z_2 \neq 0$

$\left|\frac{z_1}{z_2}\right| = \frac{|z_1|}{|z_2|}$ $\arg\frac{z_1}{z_2} = \arg z_1 - \arg z_2 + 360° \cdot k$ $k \in \{0, 1\}$

Potenzieren

$z^n = [r(\cos\varphi + i\sin\varphi)]^n = r^n(\cos n\varphi + i\sin n\varphi)$ [Formel von de Moivre]

$z^n = (r;\ \varphi)^n = (r^n;\ n\varphi)$

$|z^n| = |z|^n \qquad \arg z^n = n \cdot \arg z - 360° \cdot k \qquad k \in \{0, 1, 2, \ldots, n-1\}$

Wurzelziehen

$\sqrt[n]{z} = \sqrt[n]{r(\cos\varphi + i\sin\varphi)} = \sqrt[n]{r}\left(\cos\frac{\varphi + 360° \cdot k}{n} + i\sin\frac{\varphi + 360° \cdot k}{n}\right)$

$\sqrt[n]{z} = \sqrt[n]{(r;\ \varphi)} = \left(\sqrt[n]{r};\ \frac{\varphi + 360° \cdot k}{n}\right)$

$z^n = y \Leftrightarrow |z| = \sqrt[n]{|y|} \wedge \arg z = \frac{\arg y}{n} + \frac{360° \cdot k}{n} \qquad k = 0, 1, 2, \ldots, n-1$

4.2 Geometrische Abbildungen

$z = (r;\ \varphi) \in \mathbb{C};\ z \mapsto z_1$

Drehung um (0, 0) mit dem Drehwinkelmaß δ:

$z_1 = r[\cos(\varphi + \delta) + i\sin(\varphi + \delta)]$

Streckung mit dem Zentrum (0, 0) und dem Faktor λ:

$z_1 = \lambda \cdot z = \lambda \cdot r(\cos\varphi + i\sin\varphi)$

Drehstreckung um (0, 0) mit dem Faktor λ und dem Drehwinkelmaß δ:

$z_1 = \lambda \cdot r[\cos(\varphi + \delta) + i\sin(\varphi + \delta)]$

Spiegelung an einer Geraden durch (0, 0) mit dem Steigungsmaß α:

$z_1 = r[\cos(2\alpha - \varphi) + i\sin(2\alpha - \varphi)]$

5 Logik

$a \lor b = b \lor a$

$a \land b = b \land a$

$a \lor 0 = a$

$a \land 1 = a$

$(a \lor b) \lor c = a \lor (b \lor c)$

$(a \land b) \land c = a \land (b \land c)$

$a \lor a = a$

$a \land a = a$

$a \lor (a \land b) = a$

$a \land (a \lor b) = a$

$a \lor 1 = 1$

$a \land 0 = 0$

$a \lor (b \land c) = (a \lor b) \land (a \lor c)$

$a \land (b \lor c) = (a \land b) \lor (a \land c)$

$a \lor \neg a = 1$

$a \land \neg a = 0$

$\neg(a \lor b) = \neg a \land \neg b$

$\neg(a \land b) = \neg a \lor \neg b$

$\neg(\neg a) = a$

$\neg 0 = 1$

$\neg 1 = 0$

6 Ebene Figuren

A … Flächeninhalt; u … Umfang; ρ … Inkreisradius; r … Umkreisradius

(Anstelle der Bezeichnungen ρ und r sind auch r und R üblich.)

6.1 Dreieck

$$A = \frac{a \cdot h_a}{2} = \frac{b \cdot h_b}{2} = \frac{c \cdot h_c}{2}$$

$$u = a + b + c$$

$$r = \frac{abc}{4A}$$

$$\rho = \frac{A}{s} \qquad \text{mit } s = \frac{a+b+c}{2} = \frac{u}{2}$$

$$A = \sqrt{s(s-a)(s-b)(s-c)}$$ [Heron'sche Flächenformel]

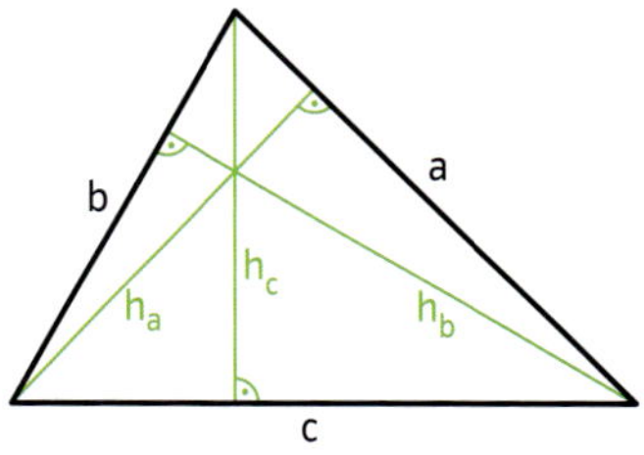

Rechtwinkeliges Dreieck

$$A = \frac{a \cdot b}{2} = \frac{c \cdot h}{2}$$

$$r = \frac{c}{2}$$

$$\rho = \frac{a \cdot b}{a+b+c} = \frac{a \cdot b}{u} = \frac{a+b-c}{2}$$

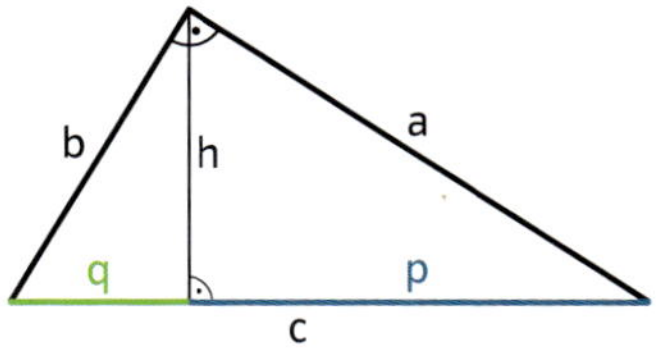

$a^2 + b^2 = c^2$ [Satz des Pythagoras]

$h^2 = p \cdot q$ [Höhensatz]

$a^2 = p \cdot c \qquad b^2 = q \cdot c$ [Kathetensatz]

Gleichseitiges Dreieck

$$A = \frac{a^2\sqrt{3}}{4}$$

$$h = \frac{a\sqrt{3}}{2}$$

$$r = \frac{a\sqrt{3}}{3}$$

$$\rho = \frac{h}{3} = \frac{a\sqrt{3}}{6}$$

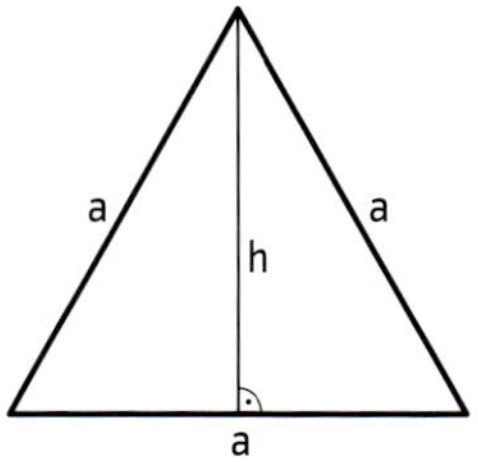

Weitere Formeln für den Flächeninhalt des Dreiecks auf den Seiten 14, 18 und 19.

6.2 Viereck

Trapez

$A = \frac{(a+c) \cdot h}{2} = m \cdot h$

$u = a + b + c + d$

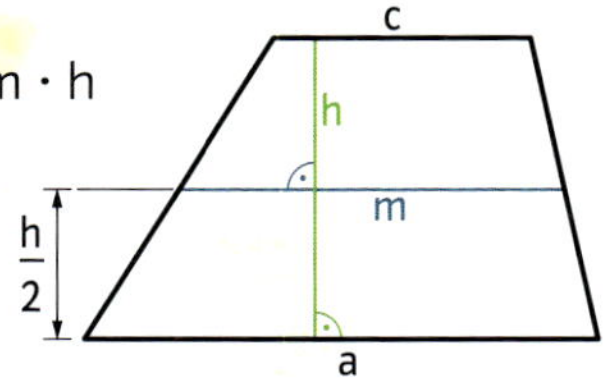

Deltoid

$A = \frac{e \cdot f}{2}$

$u = 2a + 2b$

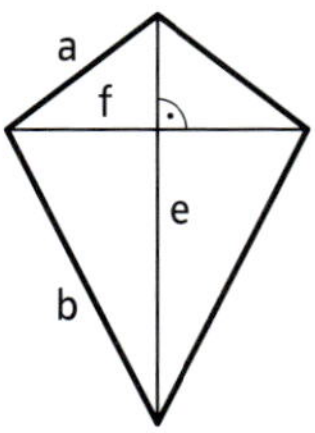

Parallelogramm

$A = a \cdot h_a = b \cdot h_b$

$u = 2a + 2b$

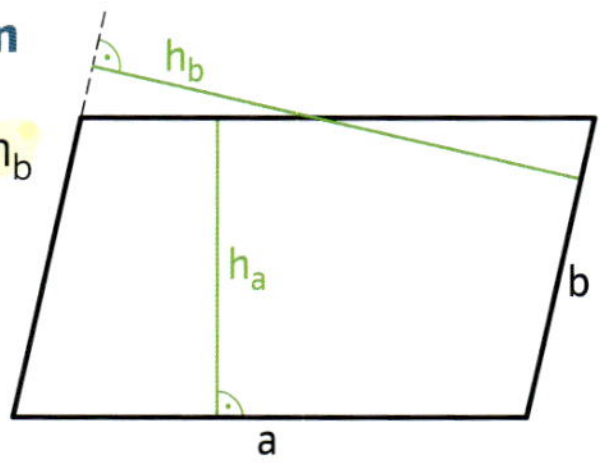

Rhombus (Raute)

$A = a \cdot h = \frac{e \cdot f}{2}$

$u = 4a$

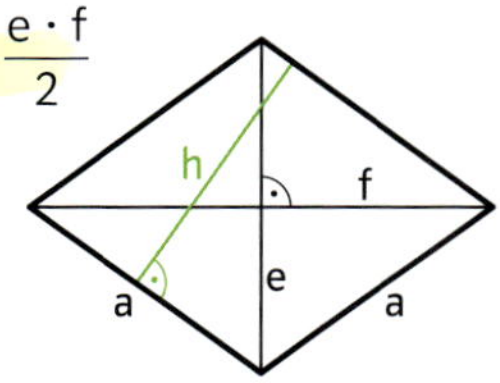

Rechteck

$A = a \cdot b$

$u = 2a + 2b$

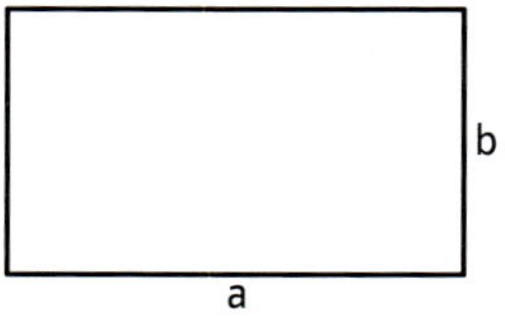

Quadrat

$A = a^2 = \frac{d^2}{2}$

$u = 4a$

$d = a\sqrt{2}$

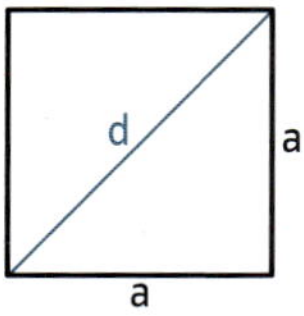

6.3 Kreis, Kreisteile, Ellipse

α in Grad

Kreis

$A = r^2\pi = \frac{d^2\pi}{4}$

$u = 2r\pi = d\pi$

$\pi = 3{,}14159\ldots$

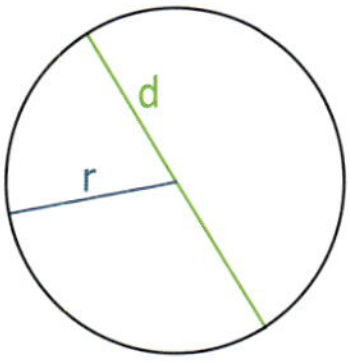

Ellipse

$A = ab\pi$

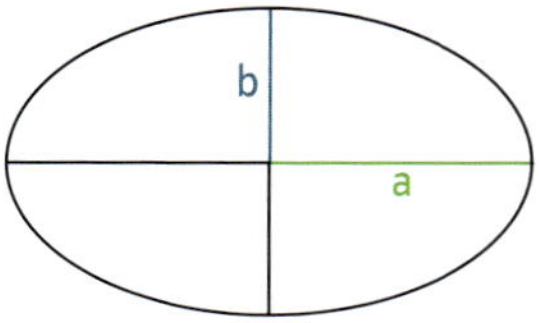

Kreissektor

$A = \frac{br}{2} = \frac{r^2\pi\alpha}{360}$

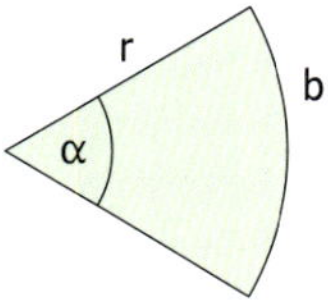

Kreisbogen

$b = \frac{2r\pi\alpha}{360} = \frac{r\pi\alpha}{180}$

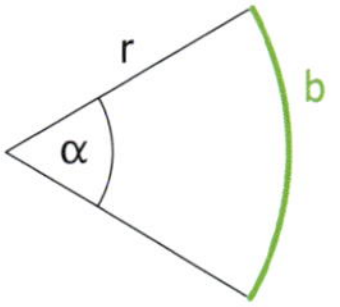

7 Körper

G … Grundflächeninhalt; A … Flächeninhalt; V … Volumen; d … Raumdiagonale

M … Mantelflächeninhalt; O … Oberflächeninhalt; u_G … Umfang der Grundfläche

Gerades Prisma

$O = 2G + M$

$M = u_G \cdot h$

$V = G \cdot h$

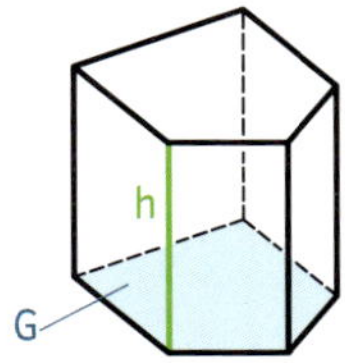

Quader

$O = 2(ab + ac + bc) =$

$= 2(ab + ah + bh)$

$V = abc = abh$

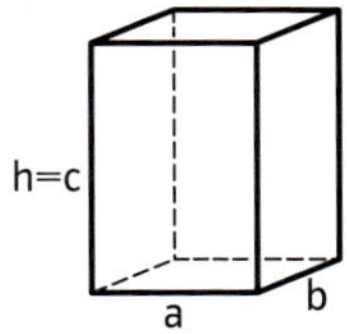

Würfel

$O = 6a^2$

$V = a^3$

$d = a\sqrt{3}$

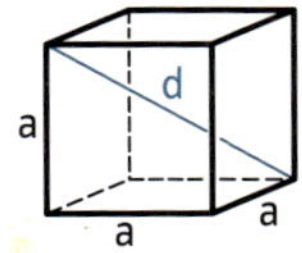

Drehzylinder

$O = 2r^2\pi + 2r\pi h$

$V = r^2\pi h$

$M = 2r\pi h$

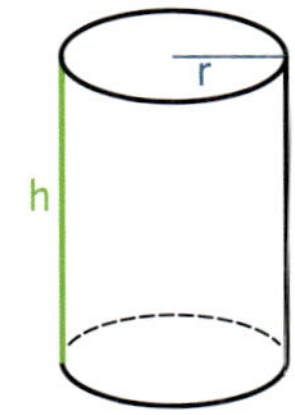

Pyramide

$O = G + M$

$V = \frac{G \cdot h}{3}$

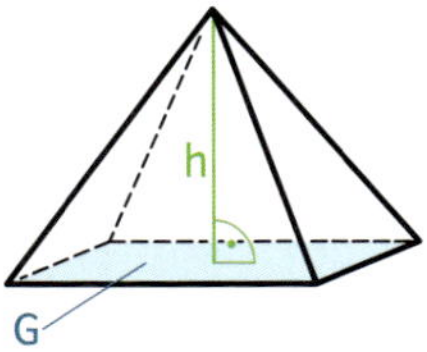

Pyramidenstumpf

$O = G_1 + G_2 + M$

$V = \frac{h}{3}(G_1 + \sqrt{G_1 G_2} + G_2)$

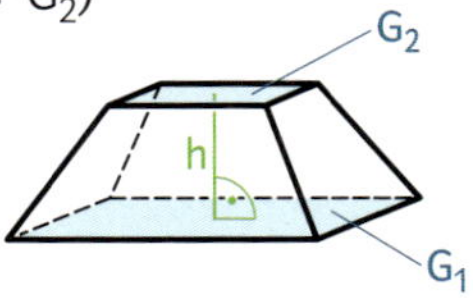

Drehkegel

$O = r^2\pi + r\pi s = r\pi(r + s)$

$V = \frac{r^2\pi h}{3}$

$M = r\pi s$

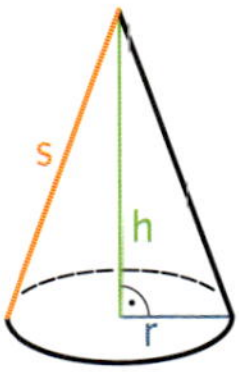

Kegelstumpf

$O = r_1^{\,2}\pi + r_2^{\,2}\pi + (r_1 + r_2)\pi s$

$V = \frac{h\pi}{3}(r_1^{\,2} + r_1 r_2 + r_2^{\,2})$

$M = (r_1 + r_2)\pi s$

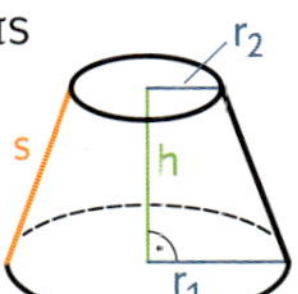

Kugel

$O = 4r^2\pi$

$V = \frac{4}{3}r^3\pi$

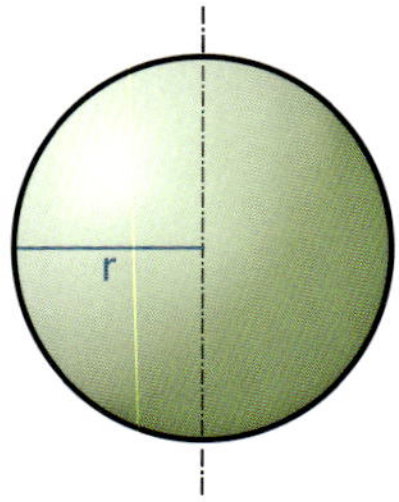

Kugelsektor

$O = 2r\pi h + \rho\pi r$

$V = \frac{2r^2\pi h}{3}$

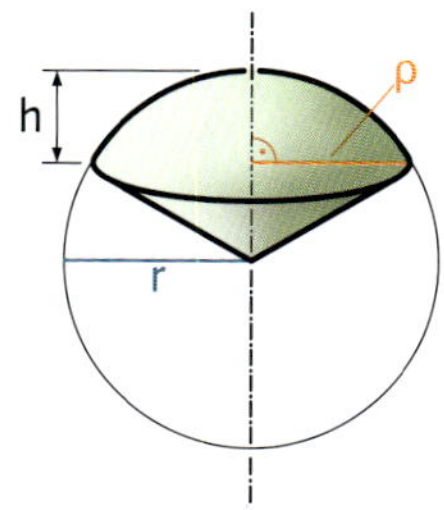

Kugelsegment

$O = 2r\pi h + \rho^2\pi$

$V = \frac{h^2\pi}{3}(3r - h)$

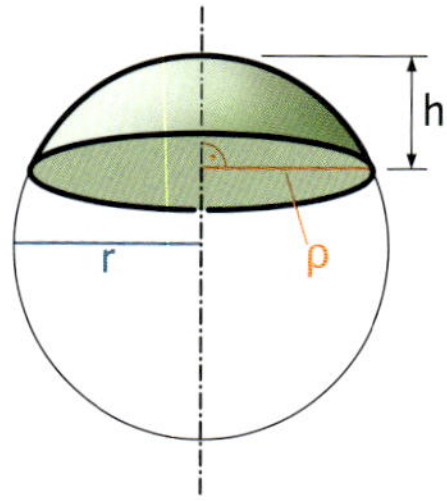

Kugelschichte

$O = 2r\pi h + \rho_1{}^2\pi + \rho_2{}^2\pi$

$V = \frac{h\pi}{6}(3\rho_1{}^2 + 3\rho_2{}^2 + h^2)$

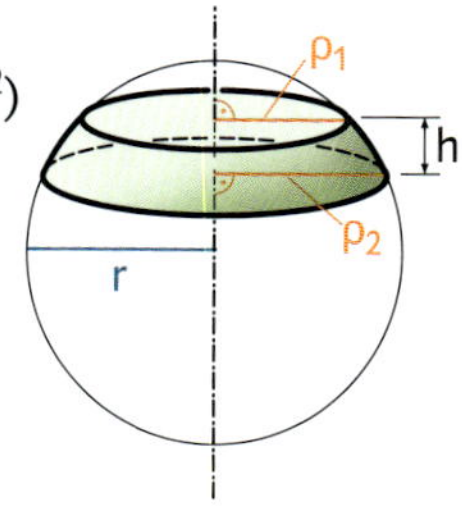

Kugelkalotte (Kugelmütze)

$A = 2r\pi h$

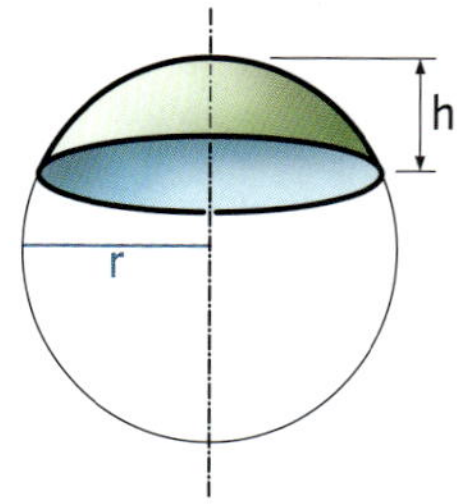

Kugelzone

$A = 2r\pi h$

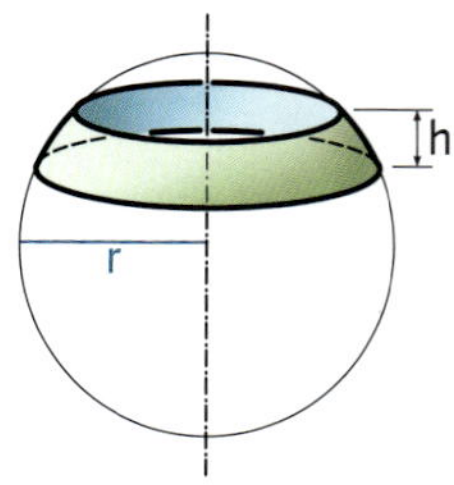

8 Winkelfunktionen – Trigonometrie

8.1 Definitionen und Eigenschaften

Bogenmaß a und Gradmaß α:

$$a = \operatorname{arc} \alpha = \frac{b}{r} = \frac{\pi\alpha}{180}$$

$$a : \alpha = \pi : 180$$

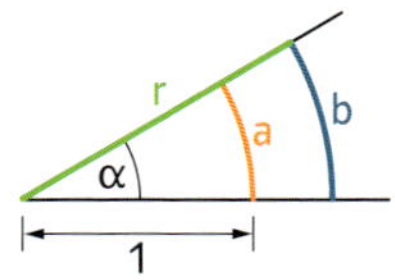

$$\sin\varphi = \frac{\text{Gegenkathete von } \varphi}{\text{Hypotenuse}}$$

$$\cos\varphi = \frac{\text{Ankathete von } \varphi}{\text{Hypotenuse}}$$

$$\tan\varphi = \frac{\text{Gegenkathete von } \varphi}{\text{Ankathete von } \varphi}$$

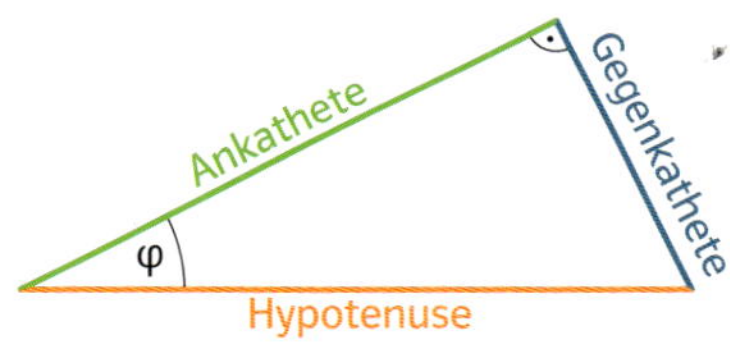

$\varphi \in [0°, 360°[$

(Anstelle der Bezeichnungen x, y sind auch x_1, x_2 üblich.)

$$\sin\varphi = \frac{y}{r} \qquad \cos\varphi = \frac{x}{r}$$

$$\tan\varphi = \frac{y}{x} \qquad \cot\varphi = \frac{x}{y}$$

$$r^2 = x^2 + y^2$$

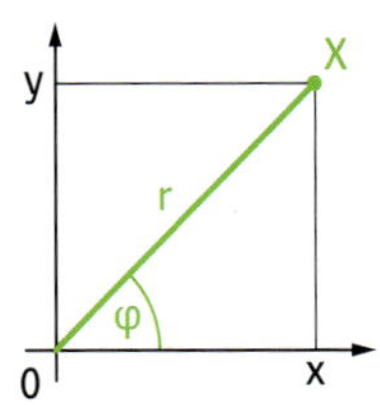

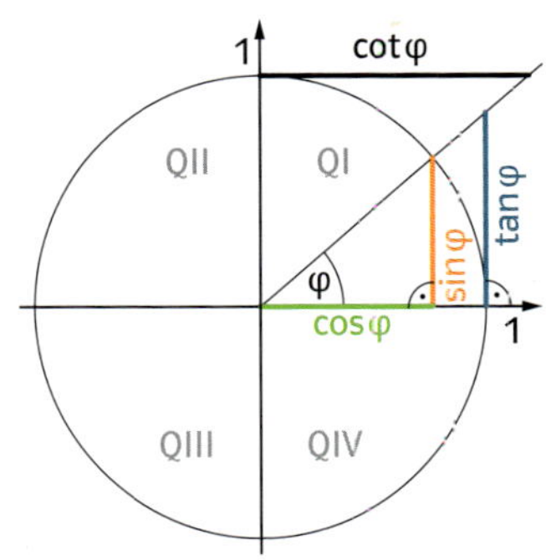

$\varphi =$	0°	30°	45°	60°	90°
$\sin\varphi$	0	$\frac{1}{2}$	$\frac{1}{2}\sqrt{2}$	$\frac{1}{2}\sqrt{3}$	1
$\cos\varphi$	1	$\frac{1}{2}\sqrt{3}$	$\frac{1}{2}\sqrt{2}$	$\frac{1}{2}$	0
$\tan\varphi$	0	$\frac{1}{3}\sqrt{3}$	1	$\sqrt{3}$	–
$\cot\varphi$	–	$\sqrt{3}$	1	$\frac{1}{3}\sqrt{3}$	0

$\varphi \in$	QI	QII	QIII	QIV
$\sin\varphi$	+	+	–	–
$\cos\varphi$	+	–	–	+
$\tan\varphi$	+	–	+	–
$\cot\varphi$	+	–	+	–

$$\tan\varphi = \frac{\sin\varphi}{\cos\varphi} \qquad \cot\varphi = \frac{\cos\varphi}{\sin\varphi} = \frac{1}{\tan\varphi} \qquad \sin^2\varphi + \cos^2\varphi = 1$$

8.2 Reduktionsformeln

$$\sin\varphi = \sin(180° - \varphi) = -\sin(180° + \varphi) = -\sin(360° - \varphi) = \sin(\varphi + 360°)$$
$$\cos\varphi = -\cos(180° - \varphi) = -\cos(180° + \varphi) = \cos(360° - \varphi) = \cos(\varphi + 360°)$$
$$\tan\varphi = -\tan(180° - \varphi) = \tan(180° + \varphi) = -\tan(360° - \varphi) = \tan(\varphi + 360°)$$

$\sin(-\varphi) = -\sin\varphi$ $\qquad$ $\cos(-\varphi) = \cos\varphi$ $\qquad$ $\tan(-\varphi) = -\tan\varphi$

$\sin\varphi = \cos(90° - \varphi)$ $\qquad$ $\cos\varphi = \sin(90° - \varphi)$ $\qquad$ $\tan\varphi = \cot(90° - \varphi)$

8.3 Summensätze/Additionstheoreme

$\sin(\alpha \pm \beta) = \sin\alpha\cos\beta \pm \cos\alpha\sin\beta$ $\qquad$ $\sin 2\alpha = 2\sin\alpha\cos\alpha$

$\cos(\alpha \pm \beta) = \cos\alpha\cos\beta \mp \sin\alpha\sin\beta$ $\qquad$ $\cos 2\alpha = \cos^2\alpha - \sin^2\alpha$

$\tan(\alpha \pm \beta) = \dfrac{\tan\alpha \pm \tan\beta}{1 \mp \tan\alpha\tan\beta}$ $\qquad$ $\tan 2\alpha = \dfrac{2\tan\alpha}{1 - \tan^2\alpha}$

$\sin\alpha + \sin\beta = 2\sin\dfrac{\alpha+\beta}{2}\cos\dfrac{\alpha-\beta}{2}$ $\qquad$ $\cos\alpha + \cos\beta = 2\cos\dfrac{\alpha+\beta}{2}\cos\dfrac{\alpha-\beta}{2}$

$\sin\alpha - \sin\beta = 2\cos\dfrac{\alpha+\beta}{2}\sin\dfrac{\alpha-\beta}{2}$ $\qquad$ $\cos\alpha - \cos\beta = -2\sin\dfrac{\alpha+\beta}{2}\sin\dfrac{\alpha-\beta}{2}$

8.4 Trigonometrische Sätze und Formeln

Sinussatz: $\dfrac{a}{\sin\alpha} = \dfrac{b}{\sin\beta} = \dfrac{c}{\sin\gamma}$

$a : b : c = \sin\alpha : \sin\beta : \sin\gamma$

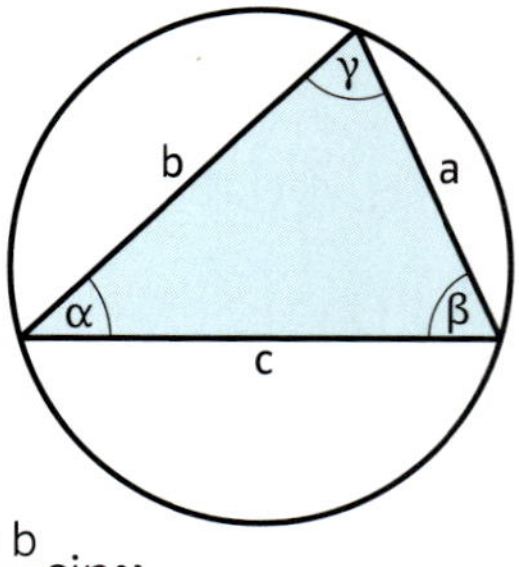

Cosinussatz: $a^2 = b^2 + c^2 - 2bc\cos\alpha$

$b^2 = a^2 + c^2 - 2ac\cos\beta$

$c^2 = a^2 + b^2 - 2ab\cos\gamma$

Flächeninhalt eines Dreiecks: $A = \dfrac{b \cdot c}{2}\sin\alpha = \dfrac{a \cdot c}{2}\sin\beta = \dfrac{a \cdot b}{2}\sin\gamma$

Umkreisradius eines Dreiecks: $2r = \dfrac{a}{\sin\alpha} = \dfrac{b}{\sin\beta} = \dfrac{c}{\sin\gamma}$

Inhalt einer Normalprojektion: $A' = A\cos\varphi$

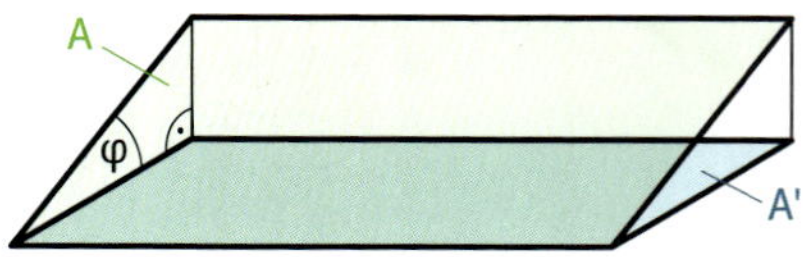

9 Vektoren

9.1 Darstellung von Punkten und Pfeilen

$\mathbb{R}^2$ $A = (a_1, a_2)$ $\vec{a} = \begin{pmatrix} a_1 \\ a_2 \end{pmatrix}$

Andere Darstellungsform

$A = \begin{pmatrix} x_A \\ y_A \end{pmatrix}$ $\vec{a} = \begin{pmatrix} x_a \\ y_a \end{pmatrix}$

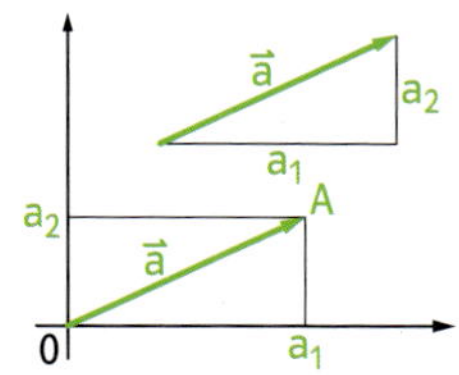

$\mathbb{R}^3$ $A = (a_1, a_2, a_3)$ $\vec{a} = \begin{pmatrix} a_1 \\ a_2 \\ a_3 \end{pmatrix}$

Andere Darstellungsform

$A = \begin{pmatrix} x_A \\ y_A \\ z_A \end{pmatrix}$ $\vec{a} = \begin{pmatrix} x_a \\ y_a \\ z_a \end{pmatrix}$

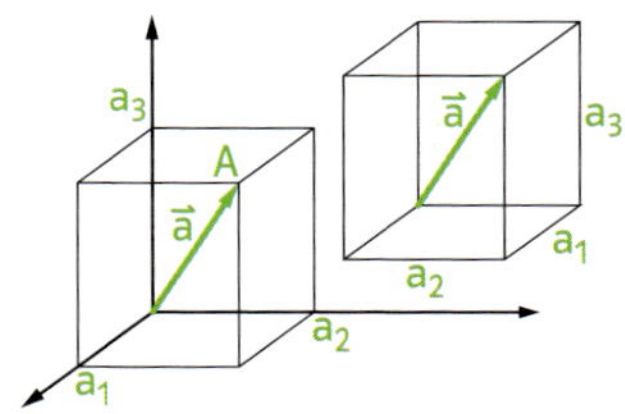

$\mathbb{R}^n$ $A = (a_1, a_2, \ldots, a_n)$ $\vec{a} = \begin{pmatrix} a_1 \\ a_2 \\ \vdots \\ a_n \end{pmatrix}$ $n \in \mathbb{N}$

9.2 Addition, Subtraktion, Multiplikation mit einer reellen Zahl (Skalar)

$r \in \mathbb{R}$

$\mathbb{R}^2$ $\vec{a} \pm \vec{b} = A \pm B = \begin{pmatrix} a_1 \pm b_1 \\ a_2 \pm b_2 \end{pmatrix} = \begin{pmatrix} x_a \pm x_b \\ y_a \pm y_b \end{pmatrix} = \begin{pmatrix} x_A \pm x_B \\ y_A \pm y_B \end{pmatrix}$

$r \cdot \vec{a} = r \cdot A = \begin{pmatrix} r \cdot a_1 \\ r \cdot a_2 \end{pmatrix} = \begin{pmatrix} r \cdot x_a \\ r \cdot y_a \end{pmatrix} = \begin{pmatrix} r \cdot x_A \\ r \cdot y_A \end{pmatrix}$

$\mathbb{R}^3$ $\vec{a} \pm \vec{b} = A \pm B = \begin{pmatrix} a_1 \pm b_1 \\ a_2 \pm b_2 \\ a_3 \pm b_3 \end{pmatrix} = \begin{pmatrix} x_a \pm x_b \\ y_a \pm y_b \\ z_a \pm z_b \end{pmatrix} = \begin{pmatrix} x_A \pm x_B \\ y_A \pm y_B \\ z_A \pm z_B \end{pmatrix}$

$r \cdot \vec{a} = r \cdot A = \begin{pmatrix} r \cdot a_1 \\ r \cdot a_2 \\ r \cdot a_3 \end{pmatrix} = \begin{pmatrix} r \cdot x_a \\ r \cdot y_a \\ r \cdot z_a \end{pmatrix} = \begin{pmatrix} r \cdot x_A \\ r \cdot y_A \\ r \cdot z_A \end{pmatrix}$

$\mathbb{R}^n$ $\vec{a} \pm \vec{b} = \begin{pmatrix} a_1 \pm b_1 \\ a_2 \pm b_2 \\ \vdots \\ a_n \pm b_n \end{pmatrix}$ $r \cdot \vec{a} = \begin{pmatrix} r \cdot a_1 \\ r \cdot a_2 \\ \vdots \\ r \cdot a_n \end{pmatrix}$

$\mathbb{R}^2, \mathbb{R}^3$ $\vec{b} = r \cdot \vec{a} \Leftrightarrow \vec{a} \parallel \vec{b}$ $r \neq 0$ $|\vec{a}| \neq 0$

9.3 Skalares Produkt

$\varphi = \sphericalangle(\vec{a}, \vec{b}),\ r \in \mathbb{R}$

$\mathbb{R}^2$ $\vec{a} \cdot \vec{b} = A \cdot B = a_1 \cdot b_1 + a_2 \cdot b_2 = x_a \cdot x_b + y_a \cdot y_b = x_A \cdot x_B + y_A \cdot y_B$

$\mathbb{R}^3$ $\vec{a} \cdot \vec{b} = A \cdot B = a_1 \cdot b_1 + a_2 \cdot b_2 + a_3 \cdot b_3 = x_a \cdot x_b + y_a \cdot y_b + z_a \cdot z_b =$
$= x_A \cdot x_B + y_A \cdot y_B + z_A \cdot z_B$

$\mathbb{R}^n$ $\vec{a} \cdot \vec{b} = a_1 \cdot b_1 + a_2 \cdot b_2 + \ldots + a_n \cdot b_n$

Rechenregeln

$\mathbb{R}^2, \mathbb{R}^3, \mathbb{R}^n$ $\vec{a} \cdot \vec{b} = \vec{b} \cdot \vec{a}$

$\vec{a} \cdot (\vec{b} + \vec{c}) = \vec{a} \cdot \vec{b} + \vec{a} \cdot \vec{c}$

$r(\vec{a} \cdot \vec{b}) = r\vec{a} \cdot \vec{b} = \vec{a} \cdot r\vec{b}$

Betrag

$|\vec{a}| = \sqrt{\vec{a} \cdot \vec{a}} = \sqrt{\vec{a}^2}$ $\qquad |A| = \sqrt{A \cdot A} = \sqrt{A^2}$

$\mathbb{R}^2$ $|\vec{a}| = |A| = \sqrt{a_1^2 + a_2^2} = \sqrt{x_a^2 + y_a^2} = \sqrt{x_A^2 + y_A^2}$

$\mathbb{R}^3$ $|\vec{a}| = |A| = \sqrt{a_1^2 + a_2^2 + a_3^2} = \sqrt{x_a^2 + y_a^2 + z_a^2} = \sqrt{x_A^2 + y_A^2 + z_A^2}$

$\mathbb{R}^n$ $|\vec{a}| = \sqrt{a_1^2 + a_2^2 + \ldots + a_n^2}$

Einheitsvektor zu $\vec{a}$:

$\mathbb{R}^2, \mathbb{R}^3, \mathbb{R}^n$ $\vec{a_0} = \pm \frac{1}{|\vec{a}|} \cdot \vec{a}$ $\quad |\vec{a}| \neq 0$

Winkelmaß

$|\vec{a}| \neq 0, |\vec{b}| \neq 0$

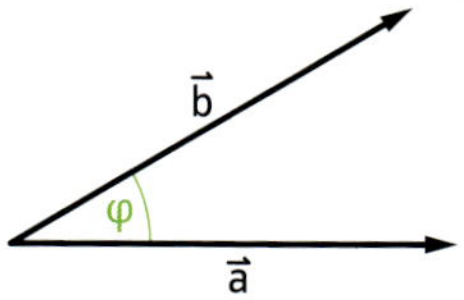

$\mathbb{R}^2, \mathbb{R}^3$ $\cos\varphi = \frac{\vec{a} \cdot \vec{b}}{|\vec{a}| \cdot |\vec{b}|} = \vec{a_0} \cdot \vec{b_0}$

$\vec{a} \cdot \vec{b} = 0 \Leftrightarrow \vec{a} \perp \vec{b}$

$\vec{a} \cdot \vec{b} = |\vec{a}| \cdot |\vec{b}| \cdot \cos\varphi$

Normalvektor

$\mathbb{R}^2$ $\vec{n} = \begin{pmatrix} \pm a_2 \\ \mp a_1 \end{pmatrix} = \begin{pmatrix} \pm y_a \\ \mp x_a \end{pmatrix}$ zu $\vec{a} = \begin{pmatrix} a_1 \\ a_2 \end{pmatrix} = \begin{pmatrix} x_a \\ y_a \end{pmatrix}$ $|\vec{a}| \neq 0$

$\mathbb{R}^3$ $\vec{n} = \vec{a} \times \vec{b}$ zu $\vec{a}$ und $\vec{b}$ (siehe 9.4)

Normalprojektion $\overrightarrow{b_a}$ von $\vec{b}$ auf $\vec{a}$

$\mathbb{R}^2, \mathbb{R}^3$ $|\overrightarrow{b_a}| = |\vec{b}| \cdot |\cos\varphi| = |\vec{b} \cdot \overrightarrow{a_0}|$

$|\vec{a} \cdot \vec{b}| = |\vec{a}| \cdot |\overrightarrow{b_a}|$

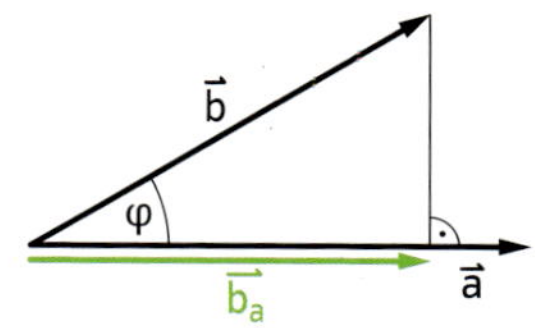

9.4 Vektorielles Produkt/Kreuzprodukt

$\mathbb{R}^3$

$$\vec{a} \times \vec{b} = \begin{pmatrix} a_2 \cdot b_3 - a_3 \cdot b_2 \\ a_3 \cdot b_1 - a_1 \cdot b_3 \\ a_1 \cdot b_2 - a_2 \cdot b_1 \end{pmatrix} = \begin{pmatrix} \begin{vmatrix} a_2 & b_2 \\ a_3 & b_3 \end{vmatrix} \\ -\begin{vmatrix} a_1 & b_1 \\ a_3 & b_3 \end{vmatrix} \\ \begin{vmatrix} a_1 & b_1 \\ a_2 & b_2 \end{vmatrix} \end{pmatrix} = \begin{pmatrix} \begin{vmatrix} y_a & y_b \\ z_a & z_b \end{vmatrix} \\ -\begin{vmatrix} x_a & x_b \\ z_a & z_b \end{vmatrix} \\ \begin{vmatrix} x_a & x_b \\ y_a & y_b \end{vmatrix} \end{pmatrix} = \begin{pmatrix} y_a \cdot z_b - y_b \cdot z_a \\ x_b \cdot z_a - x_a \cdot z_b \\ x_a \cdot y_b - x_b \cdot y_a \end{pmatrix}$$

mit $\begin{vmatrix} a & b \\ c & d \end{vmatrix} = a \cdot d - b \cdot c$

Rechenregeln

$\mathbb{R}^3$ $|\vec{a} \times \vec{b}| = |\vec{a}| \cdot |\vec{b}| \cdot |\sin\varphi|$

$(\vec{a} \times \vec{b}) \cdot \vec{c} = \vec{a} \cdot (\vec{b} \times \vec{c})$

$(\vec{a} \times \vec{b}) \cdot \vec{c} = 0$, wenn $\vec{a}, \vec{b}, \vec{c}$ in einer Ebene liegen

9.5 Pfeil von A nach B im $\mathbb{R}^n$

Vektor $\overrightarrow{AB}$ mit Anfangspunkt A und Endpunkt B:

$$\overrightarrow{AB} = B - A = \begin{pmatrix} b_1 - a_1 \\ b_2 - a_2 \\ \vdots \\ b_n - a_n \end{pmatrix}$$

10 Analytische Geometrie

10.1 Punkte

A, B, C … Koordinatenvektoren der Punkte A, B, C

Vektor $\overrightarrow{AB}$ mit Anfangspunkt A und Endpunkt B:

$\overrightarrow{AB} = B - A$ $\qquad$ $A + \overrightarrow{AB} = B$

Abstand $\overline{AB}$ der Punkte A, B:

$\overline{AB} = |\overrightarrow{AB}| = |B - A| = \sqrt{(B-A)^2}$ bzw.

$d(A, B) = |\overrightarrow{AB}| = \overline{AB} = \sqrt{x_{AB}^{\;2} + y_{AB}^{\;2} (+ z_{AB}^{\;2})}$ $\quad$ wobei $\overrightarrow{AB} = \begin{pmatrix} x_{AB} \\ y_{AB} \\ (z_{AB}) \end{pmatrix}$

Mittelpunkt M bzw. Halbierungspunkt H der Strecke AB:

$H = M = \frac{1}{2}(A + B) = A + \frac{1}{2}\overrightarrow{AB}$

Teilungspunkt T der Strecke AB beim Teilverhältnis λ:

$T = \frac{1}{1-\lambda}(A - \lambda B)$ $\qquad$ $\lambda \neq 1$

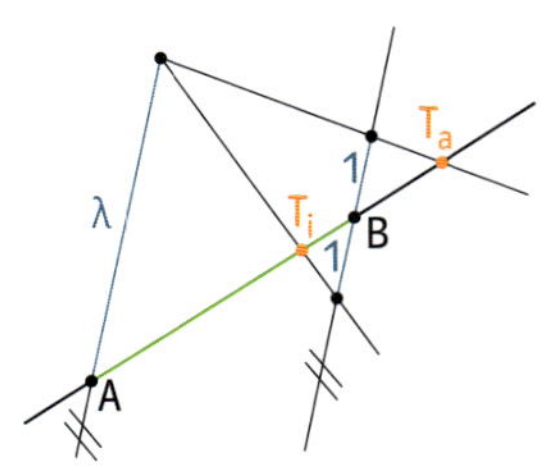

Schwerpunkt S des Dreiecks ABC:

$S = \frac{1}{3}(A + B + C)$

10.2 Flächeninhalte und Rauminhalte

Flächeninhalte

Parallelogramm:

$A_P = \sqrt{\vec{a}^2 \cdot \vec{b}^2 - (\vec{a} \cdot \vec{b})^2}$

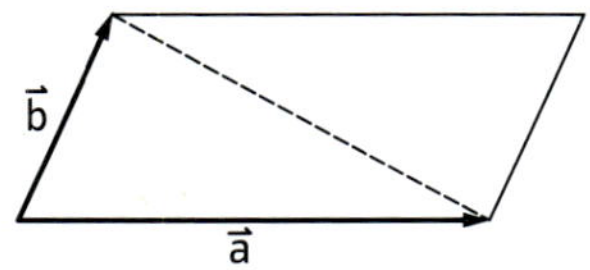

$\mathbb{R}^2$ $\quad A_P = |a_1 \cdot b_2 - a_2 \cdot b_1| = |x_a \cdot y_b - x_b \cdot y_a|$

Dreieck:

$A_D = \frac{1}{2} A_P$

$\mathbb{R}^3$ $A_P = |\vec{a} \times \vec{b}| = \sqrt{\begin{vmatrix} a_2 & b_2 \\ a_3 & b_3 \end{vmatrix}^2 + \begin{vmatrix} a_1 & b_1 \\ a_3 & b_3 \end{vmatrix}^2 + \begin{vmatrix} a_1 & b_1 \\ a_2 & b_2 \end{vmatrix}^2} =$

$= \sqrt{\begin{vmatrix} y_a & y_b \\ z_a & z_b \end{vmatrix}^2 + \begin{vmatrix} x_a & x_b \\ z_a & z_b \end{vmatrix}^2 + \begin{vmatrix} x_a & x_b \\ y_a & y_b \end{vmatrix}^2}$

$A_D = \frac{1}{2} A_P = \frac{1}{2} |\vec{a} \times \vec{b}|$

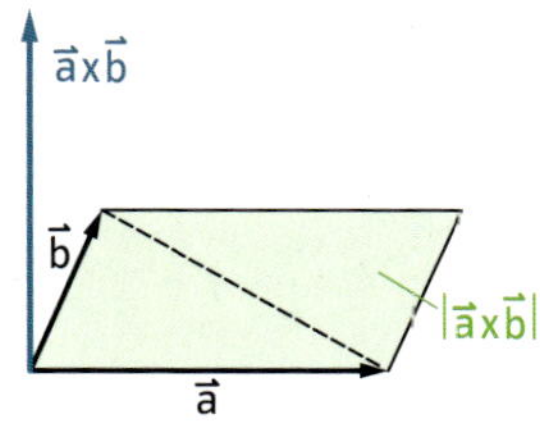

Rauminhalte

Parallelepiped:

$V = |(\vec{a} \times \vec{b}) \cdot \vec{c}|$

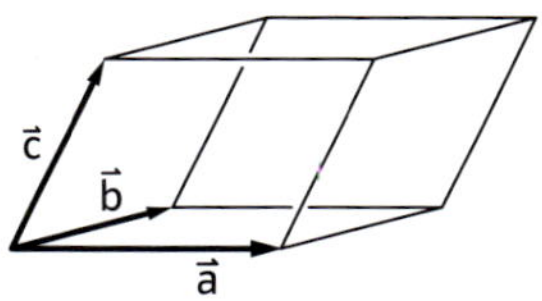

Tetraeder:

$V = \frac{1}{6} |(\vec{a} \times \vec{b}) \cdot \vec{c}|$

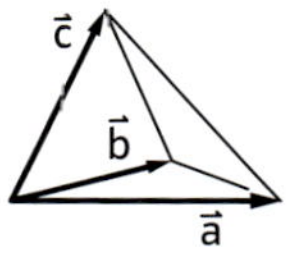

10.3 Geraden

g … Gerade; $\vec{g}$ … Richtungsvektor von g; k, k_1, k_2 … Steigung von g, g_1, g_2;

$\vec{n}$ … Normalvektor von g; $\vec{a}_0$ … Einheitsvektor zu $\vec{a}$;

X, A, B … Koordinatenvektoren der Punkte X, A, B $\in$ g;

P … Koordinatenvektor des Punktes P;

t, s $\in \mathbb{R}$; a, b, c, d, k, k_1, $k_2 \in \mathbb{R}$, konstant; $(a, b) \neq (0, 0)$

Parameterdarstellung einer Geraden g:

$X = A + t \cdot \vec{g}$

$X = A + t \cdot \overrightarrow{AB}$

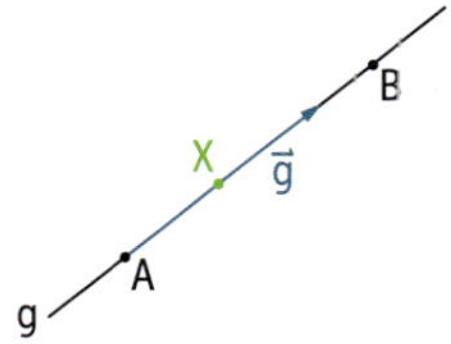

Gleichung einer Geraden g in der Ebene:

$y = kx + d$ (Hauptform)

$ax + by = c$ (allgemeine Geradengleichung)

$\vec{n} \cdot X = \vec{n} \cdot P = c$ $P \in g, \vec{n} \parallel \begin{pmatrix} a \\ b \end{pmatrix}$ (Normalvektordarstellung)

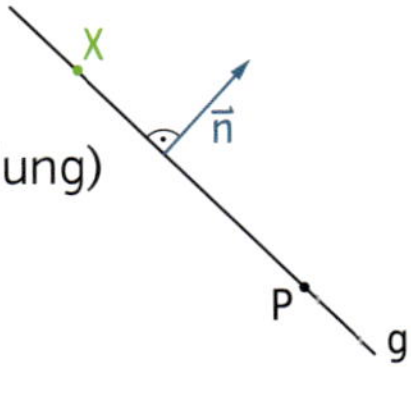

Hesse'sche Normalform (HNF):

$\frac{1}{|\vec{n}|} \cdot \vec{n} \cdot (X - P) = 0$ $P \in g$

Gleichung: $ax + by + c = 0 \Rightarrow$ HNF: $\frac{ax + by + c}{\sqrt{a^2 + b^2}} = 0$

Abstand eines Punktes P von einer Geraden g:

$P(x_P, y_P)$; g: $ax + by + c = 0$

$\mathbb{R}^2$: $d(P, g) = |\overrightarrow{AP} \cdot \overrightarrow{n_0}| = \frac{|\overrightarrow{AP} \cdot \vec{n}|}{|\vec{n}|} = \frac{|ax_P + by_P + c|}{\sqrt{a^2 + b^2}}$ [Hesse'sche Abstandsformel]

g: $X = A + t \cdot \vec{g}$

$\mathbb{R}^3$: $d(P, g) = |\overrightarrow{AP} \times \overrightarrow{g_0}|$

Abstand der windschiefen Geraden g und h:

g: $X = A + t \cdot \vec{a}$; h: $X = B + s \cdot \vec{b}$

$d(g, h) = |\overrightarrow{AB} \cdot (\vec{a} \times \vec{b})_0|$

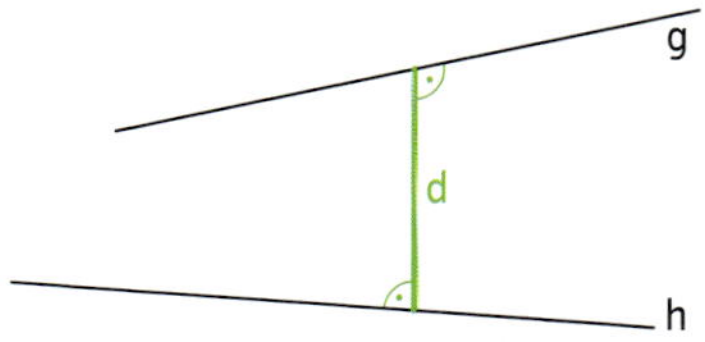

Maß des Neigungswinkels α einer Geraden g:

g: $y = kx + d$

$\mathbb{R}^2$: $\tan\alpha = k$

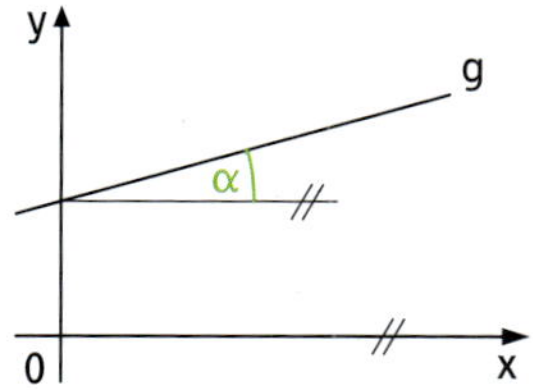

Maß des Winkels φ zwischen zwei Geraden g_1 und g_2:

$\cos\varphi = \frac{\overrightarrow{g_1} \cdot \overrightarrow{g_2}}{|\overrightarrow{g_1}| \cdot |\overrightarrow{g_2}|}$

$\mathbb{R}^2$: $\tan\varphi = \frac{k_1 - k_2}{1 + k_1 \cdot k_2}$

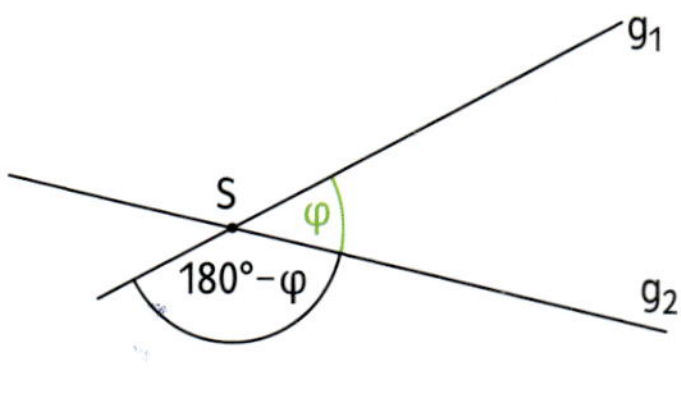

Richtungsvektoren der Winkelsymmetralen w_1, w_2 von zwei Geraden g und h:

g: $X = S + t \cdot \vec{a}$; h: $X = S + s \cdot \vec{b}$

$\overrightarrow{w}_{1,2} = \overrightarrow{a_0} \pm \overrightarrow{b_0}$

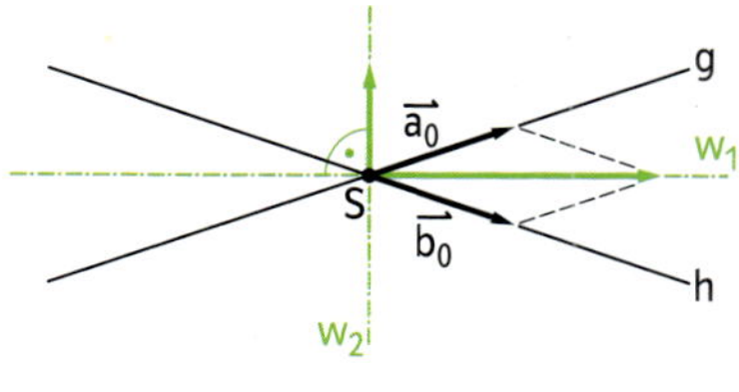

10.4 Ebenen

E … Ebene; $\vec{a}$, $\vec{b}$ … Richtungsvektoren von E; $\vec{n}$ … Normalvektor von E;

$\vec{n_0}$ … Einheitsnormalvektor von E;

X, A, B, C … Koordinatenvektoren der Punkte X, A, B, C ∈ E;

P … Koordinatenvektor von P;

s, t ∈ ℝ; a, b, c, d ∈ ℝ, konstant; (a, b, c) ≠ (0, 0, 0)

Parameterdarstellung:

$X = A + s \cdot \vec{a} + t \cdot \vec{b}$ $\vec{a} \nparallel \vec{b}$ $X = A + s \cdot \overrightarrow{AB} + t \cdot \overrightarrow{AC}$ $\overrightarrow{AB} \nparallel \overrightarrow{AC}$

Gleichung:

$\vec{n} \cdot X = \vec{n} \cdot P$ $P \in E, \vec{n} \parallel \begin{pmatrix} a \\ b \\ c \end{pmatrix}$ bzw. $\vec{n} \cdot (X - A) = 0$ (Normalvektordarstellung)

$ax + by + cz = d$ (allgemeine Ebenengleichung)

Abstand eines Punktes P von einer Ebene E:

$P(x_P, y_P, z_P)$; E: $ax + by + cz + d = 0$

$$d(P, E) = |\overrightarrow{AP} \cdot \vec{n_0}| = \frac{|\overrightarrow{AP} \cdot \vec{n}|}{|\vec{n}|} = \frac{|ax_P + by_P + cz_P + d|}{\sqrt{a^2 + b^2 + c^2}}$$ [Hesse'sche Abstandsformel]

10.5 Kreis und Kugel

X, T, M, P … Koordinatenvektoren der Punkte X, T, M, P; r … Radius;

M … Mittelpunkt; T bzw. P … Berührpunkt;

(x, y) bzw. (x, y, z) … Koordinaten von X;

(x_M, y_M) bzw. (x_M, y_M, z_M) … Koordinaten von M;

A, B, C, D, E ∈ ℝ, konstant; A ≠ 0; t ∈ ℝ; g: y = kx + d

(Anstelle der Bezeichnungen x_M, y_M, z_M sind auch m_1, m_2, m_3 üblich.)

Parameterdarstellung des Kreises:

$x = r\cos t$ $y = r\sin t$

Gleichung von Kreis bzw. Kugel:

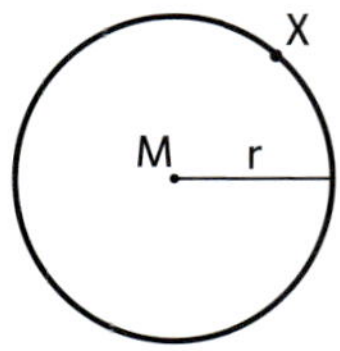

$(X - M)^2 = r^2$

$(x - x_M)^2 + (y - y_M)^2 = r^2$ bzw. $(x - x_M)^2 + (y - y_M)^2 + (z - z_M)^2 = r^2$

$Ax^2 + Ay^2 + 2Bx + 2Cy + D = 0$ mit $B^2 + C^2 - AD > 0$ bzw.

$x^2 + y^2 + ax + by + c = 0$ mit $a^2 + b^2 > 4c$ (allg. Kreisgleichung)

$Ax^2 + Ay^2 + Az^2 + 2Bx + 2Cy + 2Dz + E = 0$ (allg. Kugelgleichung)

Tangente an einen Kreis bzw. Tangentialebene an eine Kugel:

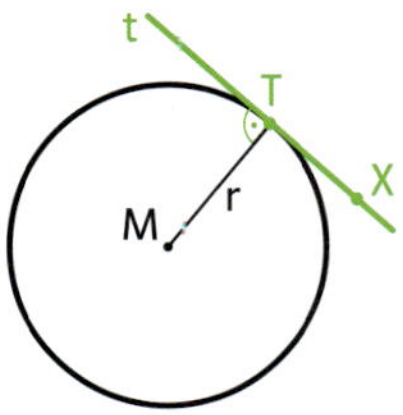

$(T - M) \cdot (X - T) = 0$ (Normalvektorform)

$(T - M) \cdot (X - M) = r^2$ bzw. $(X - M) \cdot (P - M) = r^2$ (Spaltform)

Berührbedingung für die Gerade g:

$(kx_M - y_M + d)^2 = r^2(k^2 + 1)$ $\quad$ $(x_M, y_M) = (0, 0)$: $d^2 = r^2(k^2 + 1)$

10.6 Kegelschnitte

1. Hauptlage: M(0, 0) bzw. S(0, 0) und $F_{1,2}(\pm e, 0)$ bzw. F(e, 0);

2. Hauptlage: M(0, 0) bzw. S(0, 0) und $F_{1,2}(0, \pm e)$ bzw. F(0, e);

$T(x_T, y_T)$ … Berührpunkt der Tangente; Gerade g: $y = kx + d$; $t \in \mathbb{R}$; X … Punkt des Kegelschnitts

Ellipse

M … Mittelpunkt; F_1, F_2 … Brennpunkte; $e = \overline{MF}$ … lineare Exzentrizität;

2a … Länge der Hauptachse; 2b … Länge der Nebenachse

Brennpunktseigenschaft: $\overline{XF_1} + \overline{XF_2} = 2a$ $\qquad$ $e^2 = a^2 - b^2$

1. Hauptlage (Zeichnung):

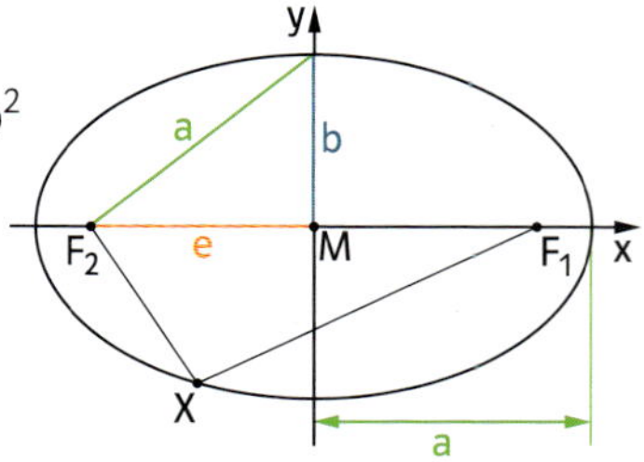

Gleichung: $\frac{x^2}{a^2} + \frac{y^2}{b^2} = 1$ bzw. $b^2x^2 + a^2y^2 = a^2b^2$

Parameterdarstellung: $x = a\cos t \quad y = b\sin t$

Gleichung der Tangente in T: $b^2xx_T + a^2yy_T = a^2b^2$

Berührbedingung für die Gerade g: $d^2 = a^2k^2 + b^2$

2. Hauptlage:

Gleichung: $\frac{x^2}{b^2} + \frac{y^2}{a^2} = 1$ bzw. $a^2x^2 + b^2y^2 = a^2b^2$

Hyperbel

M … Mittelpunkt; F_1, F_2 … Brennpunkte; $e = \overline{MF}$ … lineare Exzentrizität;

2a … Länge der Hauptachse; 2b … Länge der Nebenachse

Brennpunktseigenschaft: $|\overline{XF_1} - \overline{XF_2}| = 2a$ $\qquad e^2 = a^2 + b^2$

1. Hauptlage (Zeichnung):

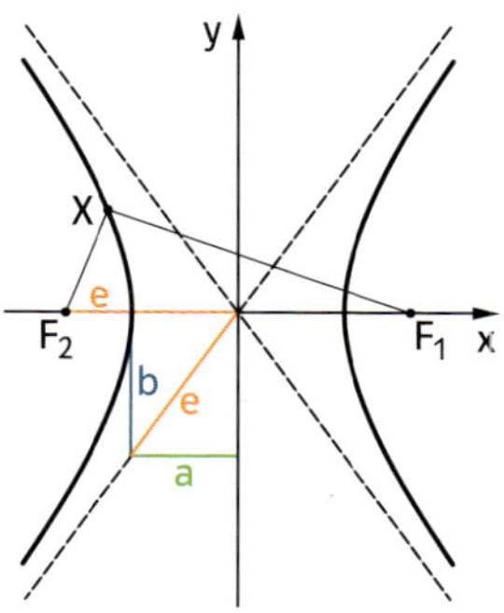

Gleichung: $\frac{x^2}{a^2} - \frac{y^2}{b^2} = 1$ bzw. $b^2x^2 - a^2y^2 = a^2b^2$

Parameterdarstellung:

rechter Ast: $x = a\cosh t \qquad y = b\sinh t$

linker Ast: $x = -a\cosh t \qquad y = b\sinh t$

Gleichung der Tangente in T: $b^2xx_T - a^2yy_T = a^2b^2$

Berührbedingung für die Gerade g: $d^2 = a^2k^2 - b^2$

Asymptoten: $y = \pm\frac{b}{a}x$

2. Hauptlage:

Gleichung: $-\frac{x^2}{b^2} + \frac{y^2}{a^2} = 1$ bzw. $-a^2x^2 + b^2y^2 = a^2b^2$

Parabel

S … Scheitel; F … Brennpunkt; $e = \overline{SF}$ … Brennweite; p … Parameter; l … Leitgerade

Brennpunktseigenschaft: $\overline{XF} = \overline{Xl}$ $\qquad p = 2e$

1. Hauptlage (Zeichnung):

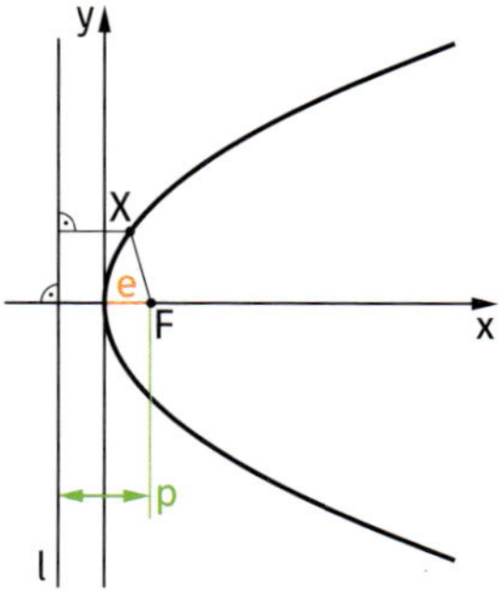

Gleichung: $y^2 = 2px$

Parameterdarstellung: $x = \frac{t^2}{2p} \qquad y = t$

Gleichung der Tangente in T: $yy_T = p(x + x_T)$

Berührbedingung für die Gerade g: $p = 2kd$

2. Hauptlage:

Gleichung: $x^2 = 2py$

Scheitelgleichung aller Kegelschnitte

$y^2 = 2px + (\varepsilon^2 - 1)x^2 \qquad p \in \mathbb{R}^+, \varepsilon \in \mathbb{R}_0^+$

11 Differential- und Integralrechnung

11.1 Änderungsmaße

f … auf einem Intervall [a, b] definierte reelle Funktion

Absolute Änderung von f in [a; b]

$f(b) - f(a)$

Relative (prozentuelle) Änderung von f in [a; b]

mit $f(a) \neq 0$

$\frac{f(b) - f(a)}{f(a)}$ in Dezimalschreibweise

$\frac{f(b) - f(a)}{f(a)} \cdot 100$ in Prozentschreibweise

Änderungsfaktor von f in [a; b]

mit $f(a) \neq 0$

$\frac{f(b)}{f(a)}$

Differenzenquotient (mittlere Änderungsrate) von f in [a; b] bzw. $[x; x + \Delta x]$

mit $b \neq a$ bzw. $\Delta x \neq 0$

$\frac{f(b) - f(a)}{b - a}$ bzw. $\frac{f(x + \Delta x) - f(x)}{\Delta x}$

Differentialquotient (lokale bzw. „momentane" Änderungsrate) von f an der Stelle a bzw. x

$$f'(a) = \lim_{b \to a} \frac{f(b) - f(a)}{b - a} \quad \text{bzw.} \quad f'(x) = \lim_{\Delta x \to 0} \frac{f(x + \Delta x) - f(x)}{\Delta x}$$

11.2 Ableitungs- und Stammfunktionen

F … Stammfunktion von f; $k, q, C \in \mathbb{R}$; $a \in \mathbb{R}^+ \setminus \{1\}$

Funktion	Ableitungsfunktion	Stammfunktion
$y = f(x) = k$	$y' = f'(x) = 0$	$F(x) = \int k\,dx = kx + C$
$y = f(x) = x^q$	$y' = f'(x) = q \cdot x^{q-1}$	$q \neq -1$: $F(x) = \int x^q\,dx = \frac{x^{q+1}}{q+1} + C$ $q = -1$, also $f(x) = \frac{1}{x}$: $F(x) = \int \frac{1}{x}\,dx = \ln\lvert x\rvert + C$
$y = f(x) = e^x$	$y' = f'(x) = e^x$	$F(x) = \int e^x\,dx = e^x + C$
$y = f(x) = a^x$	$y' = f'(x) = a^x \cdot \ln a$	$F(x) = \int a^x\,dx = \frac{a^x}{\ln a} + C$
$y = f(x) = \ln x$	$y' = f'(x) = \frac{1}{x}$	$F(x) = \int \ln x\,dx = x \cdot \ln x - x + C$
$y = f(x) = {}^a\!\log x$	$y' = f'(x) = \frac{1}{x} \cdot {}^a\!\log e = \frac{1}{x} \cdot \frac{1}{\ln a}$	$F(x) = \int {}^a\!\log x\,dx = \frac{1}{\ln a}(x \cdot \ln x - x) + C$
$y = f(x) = \sin x$	$y' = f'(x) = \cos x$	$F(x) = \int \sin x\,dx = -\cos x + C$
$y = f(x) = \cos x$	$y' = f'(x) = -\sin x$	$F(x) = \int \cos x\,dx = \sin x + C$
$y = f(x) = \tan x$	$y' = f'(x) = \frac{1}{\cos^2 x} = 1 + \tan^2 x$	$F(x) = \int \tan x\,dx = -\ln\lvert\cos x\rvert + C$
$y = f(x) = \cot x$	$y' = f'(x) = \frac{-1}{\sin^2 x} = -(1 + \cot^2 x)$	$F(x) = \int \cot x\,dx = \ln\lvert\sin x\rvert + C$

11.3 Ableitungsregeln

f^* … Umkehrfunktion von f; $k \in \mathbb{R}$

(Anstelle der Bezeichnungen f, g bzw. f_1, f_2 sind auch u, v üblich.)

Konstantenregel: $(k \cdot f)' = k \cdot f'$

Summenregel: $(f \pm g)' = f' \pm g'$

Produktregel: $(f \cdot g)' = f' \cdot g + f \cdot g'$

Quotientenregel: $\left(\frac{f}{g}\right)' = \frac{f' \cdot g - f \cdot g'}{g^2}$

Kettenregel: $h(x) = g(f(x)) \Rightarrow h'(x) = g'(f(x))f'(x)$

Spezialfall: $g(x) = f(k \cdot x) \Rightarrow g'(x) = k \cdot f'(k \cdot x)$

Umkehrregel: $f^{*\prime}(f(x)) = \frac{1}{f'(x)}$

11.4 Integrationsregeln

Unbestimmtes Integral

F … Stammfunktion von f; $a, b, k, C \in \mathbb{R}$; $a \neq 0$; $x = g(t)$

$\int f = \int f(x)\,dx = F(x) + C$ $\quad\int (f \pm g) = \int f \pm \int g$ $\quad\int k \cdot f = k \cdot \int f$

Partielle Integration: $\int f \cdot g = F \cdot g - \int F \cdot g'$

Integration durch Substitution: $\int f(x)\,dx = \int f(g(t))\,g'(t)\,dt$

$\int \frac{f'(x)}{f(x)}\,dx = \ln|f(x)| + C$ $\quad\int f(ax+b)\,dx = \frac{1}{a}F(ax+b) + C$

Spezialfall: $\int f(k \cdot x)\,dx = \frac{1}{k} \cdot F(k \cdot x) + C \quad k \neq 0$

Bestimmtes Integral

F … Stammfunktion von f; $a, b, c \in \mathbb{R}$ $(a < b < c)$; $x = g(t)$

$$\int_a^b f(x)\,dx = F(x)\Big|_a^b = F(b) - F(a)$$

$\int_a^b f = -\int_b^a f$ $\quad\int_a^a f = 0$ $\quad\int_a^b f(x)\,dx + \int_b^c f(x)\,dx = \int_a^c f(x)\,dx$

Integration durch Substitution: $\int_{g(a)}^{g(b)} f(x)\,dx = \int_a^b f(g(t))\,g'(t)\,dt$

11.5 Flächeninhalte

$f(x) \geq 0$ für alle $x \in [a, b]$

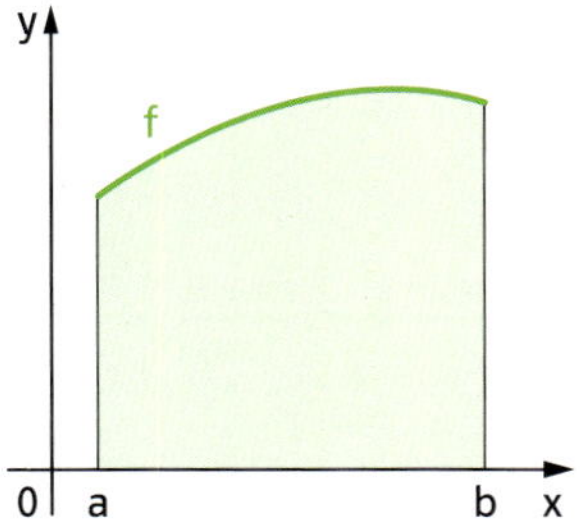

$$A = \int_a^b f = \int_a^b f(x)\,dx$$

$f(x) \geq g(x)$ für alle $x \in [a, b]$

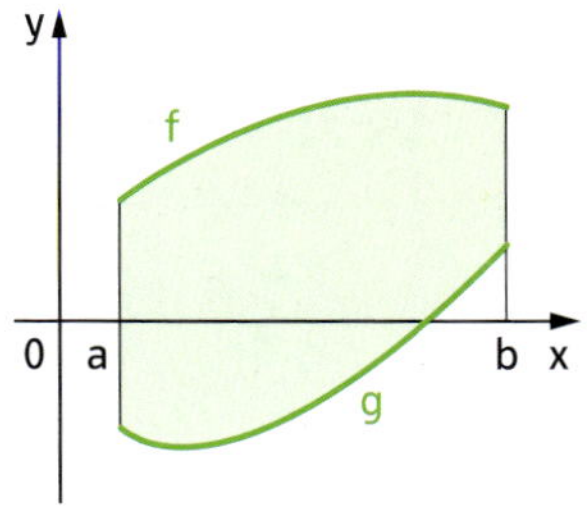

$$A = \int_a^b (f - g) = \int_a^b [f(x) - g(x)]\,dx$$

11.6 Rauminhalte

$q: x \mapsto q(x)$ … Querschnittsfunktion; f^* … Umkehrfunktion von f

(Anstelle der Bezeichnung q ist auch A üblich.)

$$V = \int_a^b q = \int_a^b q(x)\,dx$$

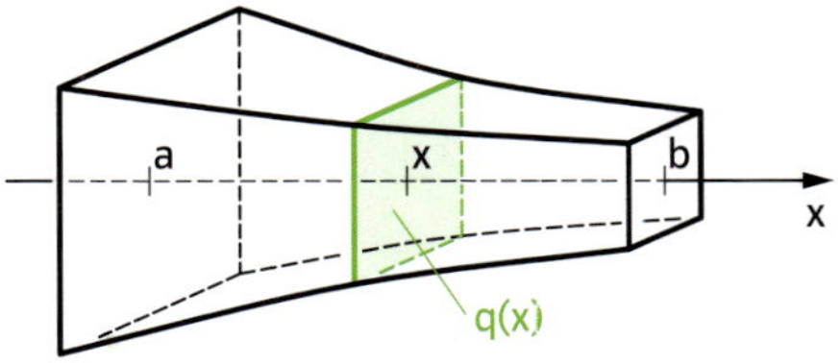

Drehkörper

Drehung um die x-Achse:

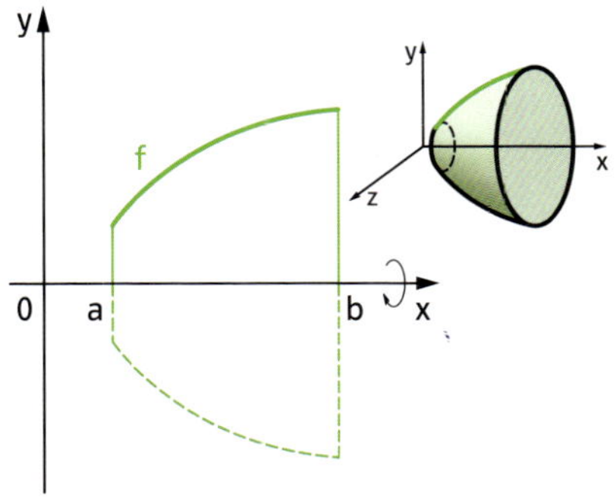

$$V = \pi\int_a^b [f(x)]^2\,dx = \pi\int_a^b y^2\,dx$$

Drehung um die y-Achse:

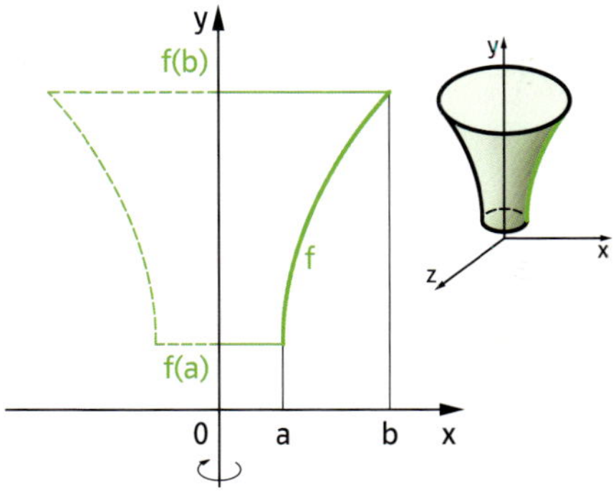

$$V = \pi\int_{f(a)}^{f(b)} [f^*(y)]^2\,dy = \pi\int_{f(a)}^{f(b)} x^2\,dy$$

11.7 Bogenlänge, Mantelfläche, Schwerpunkt

Bogenlänge einer Kurve:

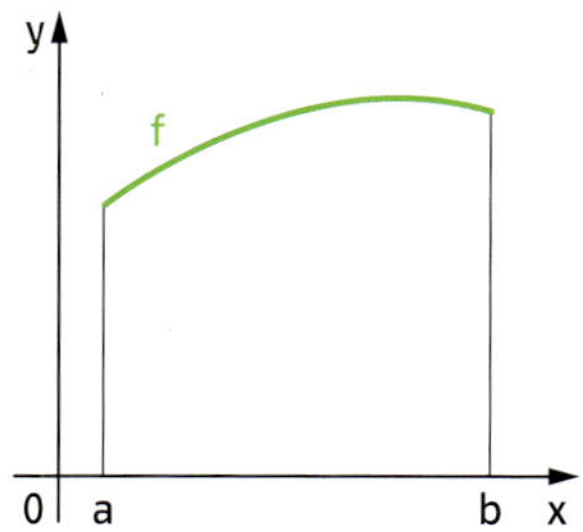

$$s = \int_a^b \sqrt{1 + [f'(x)]^2}\, dx$$

Mantelfläche eines Drehkörpers:

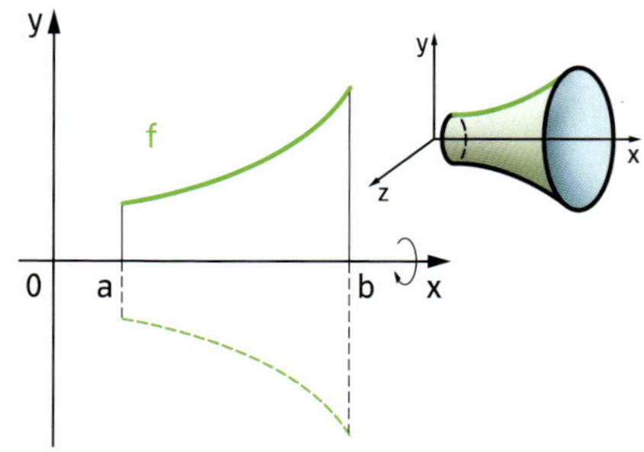

$$M = 2\pi \int_a^b f(x)\, \sqrt{1 + [f'(x)]^2}\, dx$$

Schwerpunkt S eines Flächenstücks:

$y = f(x)$; $S(\xi, \eta)$

$$\xi = \frac{\int_a^b xy\, dx}{\int_a^b y\, dx} \qquad \eta = \frac{\frac{1}{2}\int_a^b y^2\, dx}{\int_a^b y\, dx}$$

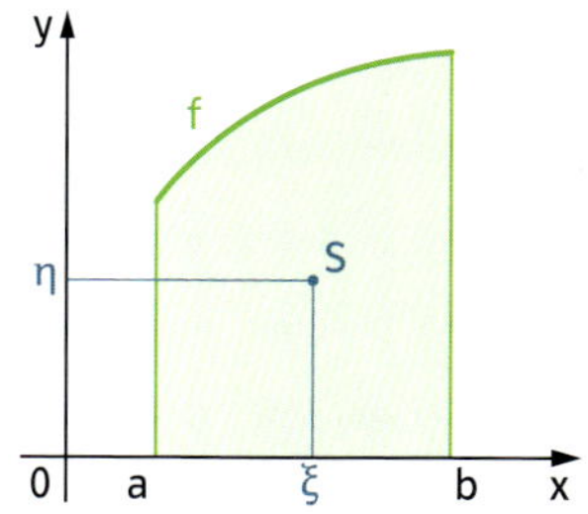

$f(x) \geq g(x)$ für alle $x \in [a, b]$

$$\xi = \frac{\int_a^b x[f(x) - g(x)]\, dx}{\int_a^b [f(x) - g(x)]\, dx} \qquad \eta = \frac{\frac{1}{2}\int_a^b [f^2(x) - g^2(x)]\, dx}{\int_a^b [f(x) - g(x)]\, dx}$$

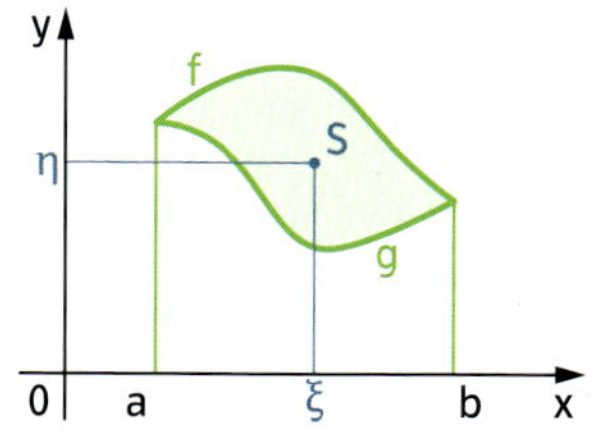

Schwerpunkt S eines Drehkörpers:

$y = f(x)$; $S(\xi, 0)$

$$\xi = \frac{\int_a^b xy^2\, dx}{\int_a^b y^2\, dx}$$

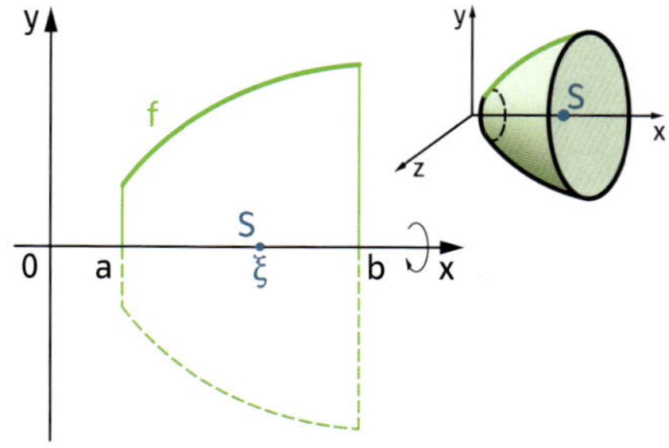

11.8 Numerische Integration

$a = x_0 < x_1 < x_2 < \ldots < x_{n-1} < x_n = b$; $x_i - x_{i-1} = \frac{b-a}{n} = \Delta x$ für $i = 1, 2, 3, \ldots, n$

Rechtecksformel

$$\int_a^b f(x)\,dx \approx \frac{b-a}{n}\left[f(x_0) + f(x_1) + f(x_2) + \ldots + f(x_{n-1})\right] = \Delta x \cdot \sum_{i=0}^{n-1} f(x_i)$$

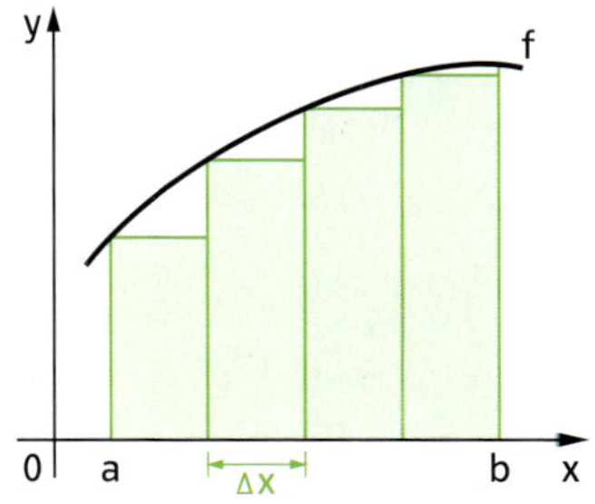

Trapezformel

$$\int_a^b f(x)\,dx \approx \frac{b-a}{2n}\left[f(x_0) + 2f(x_1) + 2f(x_2) + \ldots + 2f(x_{n-1}) + f(x_n)\right]$$

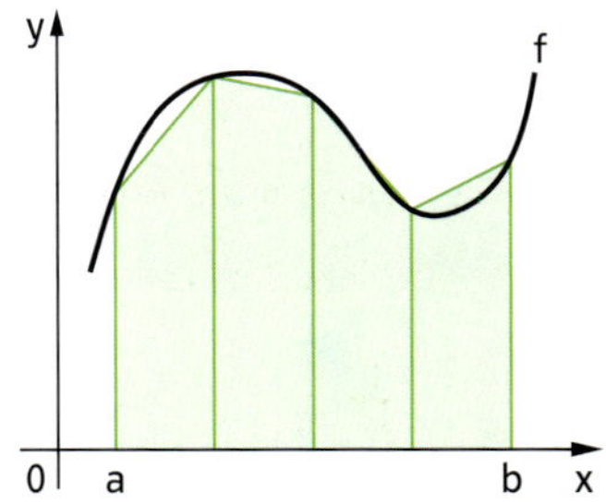

Regel von Simpson

$a = x_0 < x_1 < x_2 < \ldots < x_{2n-1} < x_{2n} = b$;

$x_i - x_{i-1} = \frac{b-a}{2n}$ für $i = 1, 2, 3, \ldots, 2n$

$$\int_a^b f(x)\,dx \approx \frac{b-a}{6n}\left\{f(x_0) + f(x_{2n}) + 2\left[f(x_2) + f(x_4) + f(x_6) + \ldots + f(x_{2n-2})\right] + 4\left[f(x_1) + f(x_3) + f(x_5) + \ldots + f(x_{2n-1})\right]\right\}$$

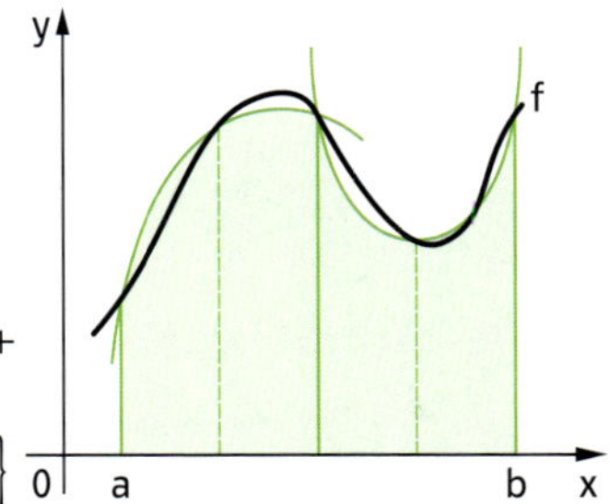

Regel von Kepler (Fassregel)

$$\int_a^b f(x)\,dx \approx \frac{b-a}{6}\left[f(a) + 4f\left(\frac{a+b}{2}\right) + f(b)\right]$$

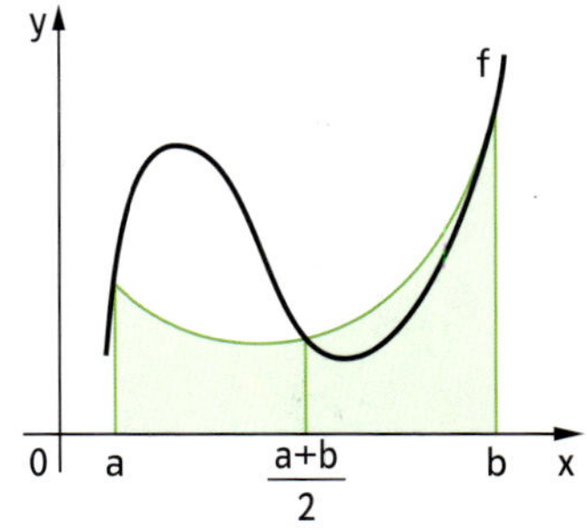

11.9 Näherungsweises Berechnen von Funktionswerten

Taylorpolynom: $f(x) \approx f(p) + \frac{f'(p)}{1!}(x-p) + \frac{f''(p)}{2!}(x-p)^2 + \ldots + \frac{f^{(n)}(p)}{n!}(x-p)^n$

11.10 Näherungsweises Berechnen von Nullstellen der Funktion f

$x_0, x_1, x_2, \ldots, x_{n+1}$ sind Näherungswerte.

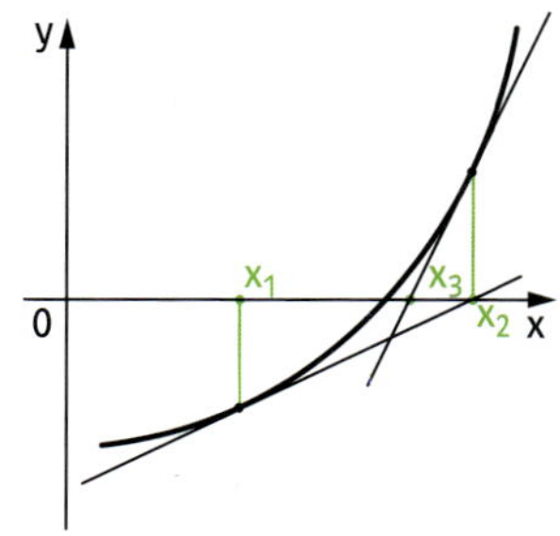

Newton'sches Verfahren:

$x_{n+1} = x_n - \frac{f(x_n)}{f'(x_n)}$ $f'(x_n) \neq 0$

Regula falsi:

$x_{n+1} = x_n - \frac{x_n - x_{n-1}}{f(x_n) - f(x_{n-1})} \cdot f(x_n)$ $\operatorname{sgn} f(x_n) \neq \operatorname{sgn} f(x_{n-1})$

11.11 Das Differential

$dy = f'(x_0) \cdot dx = y' \cdot dx \approx \Delta y = f(x_1) - f(x_0)$

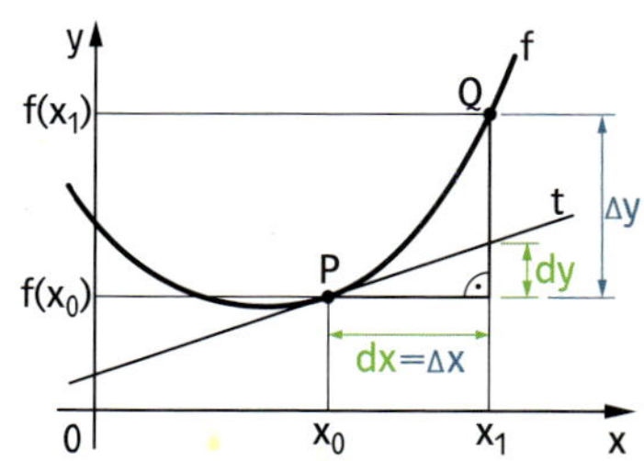

11.12 Differentialgleichungen

$a, c, k, G, \varphi, \omega \in \mathbb{R}$

Wachstum	Gleichung	Lösung
exponentiell	$y'(t) = k \cdot y(t)$	$y(t) = a \cdot e^{kt}$
hyperbolisch	$y'(t) = k \cdot y^2(t)$	$y(t) = \frac{a}{1-akt}$
begrenzt	$y'(t) = k \cdot [G - y(t)]$	$y(t) = G - (G-a) \cdot e^{-kt}$
logistisch	$y'(t) = k \cdot y(t) \cdot [G - y(t)]$	$y(t) = \frac{a \cdot G}{a + (G-a) \cdot e^{-Gkt}}$
periodisch	$y''(t) = -\omega^2 \cdot y(t)$	$y(t) = c \cdot \sin(\omega t + \varphi)$

12 Zahlenfolgen und Reihen

12.1 Arithmetische Folge und arithmetische Reihe

$\langle a_1, a_2, a_3, \ldots \rangle = \langle a_n | n \in \mathbb{N}^* \rangle$

$$a_{n+1} = a_n + k$$

$$a_n = a_1 + (n-1) \cdot k = k \cdot n + d \qquad \text{mit } d = a_1 - k$$

$$s_n = a_1 + a_2 + a_3 + \ldots + a_n = \frac{n}{2} \cdot (a_1 + a_n) = \frac{n}{2} \cdot [2a_1 + (n-1) \cdot k]$$

bzw.

$$a_{n+1} = a_n + d$$

$$a_n = a_1 + (n-1) \cdot d = d \cdot n + c \qquad \text{mit } c = a_1 - d$$

$$s_n = a_1 + a_2 + a_3 + \ldots + a_n = \frac{n}{2} \cdot (a_1 + a_n) = \frac{n}{2} \cdot [2a_1 + (n-1) \cdot d]$$

12.2 Geometrische Folge und geometrische Reihe

$\langle b_1, b_2, b_3, \ldots \rangle = \langle b_n | n \in \mathbb{N}^* \rangle$

$$b_{n+1} = b_n \cdot q$$

$$b_n = b_1 \cdot q^{n-1} = c \cdot q^n \qquad \text{mit } c = \frac{b_1}{q} \qquad q \neq 0$$

$$s_n = b_1 + b_2 + b_3 + \ldots + b_n = b_1 \cdot (1 + q + q^2 + \ldots + q^{n-1}) = b_1 \cdot \frac{q^n - 1}{q - 1} \qquad q \neq 1$$

$$\lim_{n \to \infty} s_n = \frac{b_1}{1-q} \qquad |q| < 1$$

13 Kombinatorik

13.1 Binomialkoeffizienten[1]

$n \in \mathbb{N}^*;\ k \in \mathbb{N};\ k \leq n;\ a, b \in \mathbb{R}$

Anstelle der Bezeichnungen n und k sind auch N und n üblich.

$$n! = 1 \cdot 2 \cdot 3 \cdot \ldots \cdot n \qquad 0! = 1 \qquad 1! = 1$$

$$\binom{n}{k} = \frac{n!}{k!(n-k)!} = \frac{n \cdot (n-1) \cdot \ldots \cdot (n-k+1)}{1 \cdot 2 \cdot \ldots \cdot k}$$

$$\binom{n}{n} = \binom{n}{0} = 1 \qquad \binom{n}{k} = \binom{n}{n-k} \qquad \binom{n}{k} + \binom{n}{k+1} = \binom{n+1}{k+1}$$

$$(a+b)^n = \binom{n}{0}a^n b^0 + \binom{n}{1}a^{n-1}b^1 + \binom{n}{2}a^{n-2}b^2 + \ldots + \binom{n}{n}a^0 b^n = \sum_{k=0}^{n}\binom{n}{k}a^{n-k}b^k \qquad n \in \mathbb{N}$$

$$(a-b)^n = \sum_{k=0}^{n}(-1)^k\binom{n}{k}a^{n-k}b^k$$

[binomischer Lehrsatz]

13.2 Auswahl von k Elementen aus einer Menge mit n Elementen

$n, k \in \mathbb{N}^*$

Anstelle der Bezeichnungen n und k sind auch N und n üblich.

Anzahl der geordneten Stichproben

mit Zurücklegen (Variation mit Wiederholung): n^k

ohne Zurücklegen (Variation ohne Wiederholung):

$$\frac{n!}{(n-k)!} = n \cdot (n-1) \cdot \ldots \cdot (n-k+1) \qquad k \leq n$$

Anzahl der ungeordneten Stichproben

ohne Zurücklegen (Kombination ohne Wiederholung): $\binom{n}{k}$ $\quad k \leq n$

mit Zurücklegen (Kombination mit Wiederholung): $\binom{n+k-1}{k}$

1) Tabelle auf Seite 49.

13.3 Permutationen

$n, n_1, n_2, \ldots, n_k, k \in \mathbb{N}^*; k_1, k_2, \ldots, k_m, m \in \mathbb{N}^*$

Permutationen ohne Wiederholung

Anzahl der möglichen Anordnungen von n verschiedenen Elementen bzw. Anzahl der n-Tupel, gebildet von n verschiedenen Elementen: $n!$

Permutationen mit Wiederholung

Anzahl der möglichen Anordnungen von n Elementen, bei denen Gruppen von $n_1, n_2, \ldots, n_k$ bzw. $k_1, k_2, \ldots, k_m$ gleichen Elementen auftreten:

$$\frac{n!}{n_1! \cdot n_2! \cdot \ldots \cdot n_k!} \quad n_1 + n_2 + \ldots + n_k = n \quad \text{bzw.} \quad \frac{n!}{k_1! \cdot k_2! \cdot \ldots \cdot k_m!} \quad k_1 + k_2 + \ldots + k_m = n$$

Permutationen von zwei Elementen

Anzahl der n-Tupel (bzw. N-Tupel), die aus zwei Elementen gebildet werden und bei denen eines dieser Elemente genau k-mal (bzw. n-mal) auftritt:

$$\binom{n}{k} \quad 0 \leq k \leq n \quad \text{bzw.} \quad \binom{N}{n} \quad 0 \leq n \leq N$$

14 Statistik

$x_1, x_2, \ldots, x_n$	Werte einer Variablen, die in einer Serie von n Versuchen oder in einer Stichprobe (oder Liste) von n Elementen auftreten
$a_1, a_2, \ldots, a_k \quad (a_i \neq a_j)$	mögliche Werte einer Variablen (mögliche Merkmalsausprägungen)
$H_i = H_n(a_i)$	absolute Häufigkeit von a_i $(i = 1, \ldots, k)$ in einer Serie von n Versuchen oder in einer Stichprobe (oder Liste) von n Elementen
$h_n(a_i) = \frac{H_i}{n} = \frac{H_n(a_i)}{n}$	relative Häufigkeit von a_i $(i = 1, \ldots, k)$ in einer Serie von n Versuchen oder in einer Stichprobe (oder Liste) von n Elementen

Andere Bezeichnungen

$x_1, x_2, \ldots, x_m \quad (x_i \neq x_j)$	mögliche Werte einer Variablen (mögliche Merkmalsausprägungen)
h_i	absolute Häufigkeit von x_i ($i = 1, \ldots, m$) in einer Serie von n Versuchen oder in einer Stichprobe (oder Liste) von n Elementen
$r_i = \frac{h_i}{n}$	relative Häufigkeit von x_i ($i = 1, \ldots, m$) in einer Serie von n Versuchen oder in einer Stichprobe (oder Liste) von n Elementen

14.1 Zentralmaße

$\bar{x}$ … arithmetisches Mittel; m_g … geometrisches Mittel; m_h … harmonisches Mittel; m … Modus, Modalwert (häufigster Wert); z … Median (Zentralwert einer geordneten Liste); q_1, q_2, q_3 … Quartile („vierteln" eine geordnete Liste)

$$\bar{x} = \frac{x_1 + x_2 + \ldots + x_n}{n} = \frac{1}{n}\sum_{i=1}^{n} x_i$$

Bei gegebenen absoluten Häufigkeiten:

$$\bar{x} = \frac{a_1H_1 + a_2H_2 + \ldots + a_kH_k}{H_1 + H_2 + \ldots + H_k} = \frac{a_1H_n(a_1) + a_2H_n(a_2) + \ldots + a_kH_n(a_k)}{n} =$$

$$= \frac{a_1H_1 + a_2H_2 + \ldots + a_kH_k}{n} = \frac{1}{n}\sum_{i=1}^{k} a_iH_i$$

bzw. $$\bar{x} = \frac{x_1h_1 + x_2h_2 + \ldots + x_mh_m}{h_1 + h_2 + \ldots + h_m} = \frac{x_1h_1 + x_2h_2 + \ldots + x_mh_m}{n} = \frac{1}{n}\sum_{i=1}^{m} x_ih_i$$

Bei gegebenen relativen Häufigkeiten:

$$\bar{x} = a_1h_n(a_1) + a_2h_n(a_2) + \ldots + a_kh_n(a_k) = \sum_{i=1}^{k} a_ih_n(a_i)$$

bzw. $$\bar{x} = x_1r_1 + x_2r_2 + \ldots + x_mr_m = \sum_{i=1}^{m} x_ir_i$$

$$m_g = \sqrt[n]{x_1 \cdot x_2 \cdot \ldots \cdot x_n}$$

$$m_h = \frac{n}{\frac{1}{x_1} + \frac{1}{x_2} + \ldots + \frac{1}{x_n}} \qquad x_i > 0$$

$$z = \begin{cases} x_{\left(\frac{n+1}{2}\right)} & \text{für n ungerade} \\ \frac{1}{2} \cdot \left(x_{\left(\frac{n}{2}\right)} + x_{\left(\frac{n}{2}+1\right)}\right) & \text{für n gerade} \end{cases}$$

14.2 Streuungsmaße

$s^2 = s_{\bar{x}}^2 = \sigma^2$ … empirische Varianz; $s = s_{\bar{x}} = \sigma$ … empirische Standardabweichung;

$d_{\bar{x}}$ … mittlere lineare Abweichung;

$$s^2 = s_{\bar{x}}^2 = \sigma^2 = \frac{(x_1-\bar{x})^2 + (x_2-\bar{x})^2 + \ldots + (x_n-\bar{x})^2}{n} = \frac{1}{n}\sum_{i=1}^{n}(x_i-\bar{x})^2$$

$$s = \sqrt{s^2} = s_{\bar{x}} = \sqrt{s_{\bar{x}}^2} = \sigma = \sqrt{\sigma^2} = \sqrt{\frac{(x_1-\bar{x})^2 + (x_2-\bar{x})^2 + \ldots + (x_n-\bar{x})^2}{n}} = \sqrt{\frac{1}{n}\sum_{i=1}^{n}(x_i-\bar{x})^2}$$

Andere Definition:

$$s^2 = \frac{(x_1-\bar{x})^2 + (x_2-\bar{x})^2 + \ldots + (x_n-\bar{x})^2}{n-1} = \frac{1}{n-1}\sum_{i=1}^{n}(x_i-\bar{x})^2 \qquad s = \sqrt{s^2}$$

Bei gegebenen absoluten Häufigkeiten:

$$s^2 = \frac{(a_1-\bar{x})^2 H_1 + (a_2-\bar{x})^2 H_2 + \ldots + (a_k-\bar{x})^2 H_k}{n} = \frac{1}{n}\sum_{i=1}^{k}(a_i-\bar{x})^2 H_i = \frac{1}{n}\sum_{i=1}^{k}(a_i-\bar{x})^2 H_n(a_i)$$

$$\text{bzw. } \sigma^2 = \frac{(x_1-\bar{x})^2 h_1 + (x_2-\bar{x})^2 h_2 + \ldots + (x_m-\bar{x})^2 h_m}{n} = \frac{1}{n}\sum_{i=1}^{m}(x_i-\bar{x})^2 h_i$$

Andere Definition

$$s^2 = \frac{(x_1-\bar{x})^2 h_1 + (x_2-\bar{x})^2 h_2 + \ldots + (x_m-\bar{x})^2 h_m}{n-1} = \frac{1}{n-1}\sum_{i=1}^{m}(x_i-\bar{x})^2 h_i$$

Bei gegebenen relativen Häufigkeiten:

$$s^2 = (a_1-\bar{x})^2 h_n(a_1) + (a_2-\bar{x})^2 h_n(a_2) + \ldots + (a_k-\bar{x})^2 h_n(a_k) = \sum_{i=1}^{k}(a_i-\bar{x})^2 h_n(a_i)$$

$$\text{bzw. } \sigma^2 = (x_1-\bar{x})^2 r_1 + (x_2-\bar{x})^2 r_2 + \ldots + (x_m-\bar{x})^2 r_m = \sum_{i=1}^{m}(x_i-\bar{x})^2 r_i$$

Verschiebungssatz:

$$s^2 = s_{\bar{x}}^2 = \sigma^2 = \frac{1}{n}(x_1^2 + x_2^2 + \ldots + x_n^2) - \bar{x}^2 = \frac{1}{n}\left(\sum_{i=1}^{n}x_i^2\right) - \bar{x}^2$$

$$s^2 = \frac{a_1^2 H_n(a_1) + a_2^2 H_n(a_2) + \ldots + a_k^2 H_n(a_k)}{n} - \bar{x}^2$$

$$s^2 = \left[a_1^2 h_n(a_1) + a_2^2 h_n(a_2) + \ldots + a_k^2 h_n(a_k)\right] - \bar{x}^2$$

$$d_{\bar{x}} = \frac{|x_1 - \bar{x}| + |x_2 - \bar{x}| + \ldots + |x_n - \bar{x}|}{n} = \frac{1}{n}\sum_{i=1}^{n}|x_i - \bar{x}|$$

$$d_{\bar{x}} = \frac{1}{n}(|x_1 - \bar{x}|h_1 + |x_2 - \bar{x}|h_2 + \ldots + |x_m - \bar{x}|h_m)$$

14.3 Boxplot (Kastenschaubild)

x_{min} ... kleinster Wert der Datenliste, x_{max} .... größter Wert der Datenliste ;

q_1 ... 1. Quartil (unteres Quartil, 25 %-Quartil);

q_2 ... 2. Quartil (Median);

q_3 ... 3. Quartil (oberes Quartil, 75 %-Quartil)

Quartilabstand: $q_3 - q_1$

Spannweite: $x_{max} - x_{min}$

Fünf-Zahlen-Zusammenfassung:

q_2	
q_1	q_3
x_{min}	x_{max}

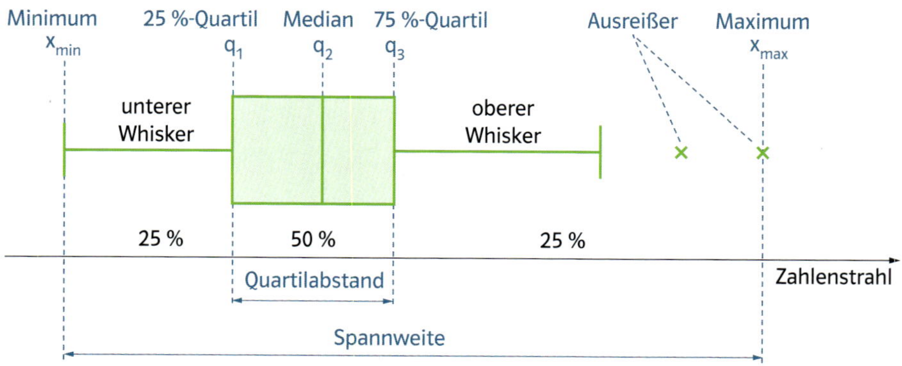

Die maximale Länge der Whisker (Antennen) wird oft mit dem 1,5-fachen Quartilabstand definiert und endet stets in einem Datenwert. Datenwerte außerhalb dieses Bereichs werden als Außreißer bezeichnet.

14.4 Zweidimensionale Datenmengen

$\{(x_i, y_i)\}$ … „Punktwolke" mit $i = 1, 2, 3, \dots, n$; $\bar{x}, \bar{y}$ … Mittelwerte;

g_x … Regressionsgerade bei Minimierung in Richtung der x-Achse;

g_y … Regressionsgerade bei Minimierung in Richtung der y-Achse;

${\sigma_x}^2$ bzw. ${\sigma_y}^2$ … Varianz; σ_{xy} … Kovarianz; r_{xy} … Korrelationskoeffizient

$$\bar{x} = \frac{1}{n}\sum_{i=1}^{n} x_i \qquad \bar{y} = \frac{1}{n}\sum_{i=1}^{n} y_i$$

$${\sigma_x}^2 = \frac{1}{n}\sum_{i=1}^{n}(x_i - \bar{x})^2 \qquad {\sigma_y}^2 = \frac{1}{n}\sum_{i=1}^{n}(y_i - \bar{y})^2 \qquad \sigma_{xy} = \frac{1}{n}\sum_{i=1}^{n}(x_i - \bar{x})(y_i - \bar{y})$$

$$g_x\colon x - \bar{x} = \frac{\sigma_{xy}}{{\sigma_y}^2}(y - \bar{y}) \qquad \text{Steigung von } g_x\colon \frac{{\sigma_y}^2}{\sigma_{xy}}$$

$$g_y\colon y - \bar{y} = \frac{\sigma_{xy}}{{\sigma_x}^2}(x - \bar{x}) \qquad \text{Steigung von } g_y\colon \frac{\sigma_{xy}}{{\sigma_x}^2}$$

$$r_{xy} = \frac{\sigma_{xy}}{\sigma_x \cdot \sigma_y} = \frac{\frac{1}{n}\sum_{i=1}^{n}(x_i - \bar{x})(y_i - \bar{y})}{\sqrt{\frac{1}{n}\sum_{i=1}^{n}(x_i - \bar{x})^2} \cdot \sqrt{\frac{1}{n}\sum_{i=1}^{n}(y_i - \bar{y})^2}} = \frac{\sum_{i=1}^{n}(x_i - \bar{x})(y_i - \bar{y})}{\sqrt{\sum_{i=1}^{n}(x_i - \bar{x})^2 \cdot \sum_{i=1}^{n}(y_i - \bar{y})^2}}$$

15 Wahrscheinlichkeitsrechnung

$A, B, E, E_1, \ldots, E_n$ … Ereignisse; E' … Gegenereignis von E;

$A \vee B = A \cup B$ … A oder B; $A \wedge B = A \cap B$ … A und B;

$P(E)$ … Wahrscheinlichkeit des Ereignisses E;

$P(A \mid B)$ … bedingte Wahrscheinlichkeit von A, wenn B eingetreten ist;

$|E|, |G|$ … Anzahl (Maß) von E bzw. G (Grundmenge);

$h(E)$ … relative Häufigkeit von E in einer Versuchsserie

15.1 Annahmen über Wahrscheinlichkeiten

$$P(E) = \frac{\text{Anzahl der für E günstigen Ausgänge}}{\text{Anzahl der möglichen Ausgänge}} \qquad P(E) = \frac{|E|}{|G|} \qquad P(E) \approx h(E)$$

15.2 Elementare Regeln

$$P(E') = 1 - P(E)$$

$P(A \vee B) = P(A) + P(B)$, wenn A, B einander ausschließen

$$P(A \vee B) = P(A) + P(B) - P(A \wedge B)$$

$P(E_1 \vee E_2 \vee \ldots \vee E_n) = P(E_1) + P(E_2) + \ldots + P(E_n)$,

wenn $E_1, E_2, \ldots, E_n$ einander paarweise ausschließen

15.3 Bedingte Wahrscheinlichkeit

$$P(B \mid A) = \frac{P(B \wedge A)}{P(A)}$$

$$P(A \wedge B) = P(A) \cdot P(B \mid A) = P(B) \cdot P(A \mid B)$$

$$P(E_1 \wedge E_2 \wedge \ldots \wedge E_n) = P(E_1) \cdot P(E_2 \mid E_1) \cdot P(E_3 \mid E_1 \wedge E_2) \cdot \ldots \cdot P(E_n \mid E_1 \wedge E_2 \wedge \ldots \wedge E_{n-1})$$

Wenn A und B voneinander unabhängig sind:

$$P(B \mid A) = P(B) \qquad P(A \mid B) = P(A) \qquad P(A \wedge B) = P(A) \cdot P(B)$$

$F_1, F_2, \ldots, F_n$ … Ereignisse, von denen genau eines eintritt

$$P(E) = P(F_1) \cdot P(E \mid F_1) + P(F_2) \cdot P(E \mid F_2) + \ldots + P(F_n) \cdot P(E \mid F_n) = \sum_{i=1}^{n} P(F_i) \cdot P(E \mid F_i)$$

$$P(B \mid A) = \frac{P(A \mid B) \cdot P(B)}{P(A)}$$ [Formel von Bayes]

15.4 Verteilungsfunktion, Erwartungswert, Varianz, Standardabweichung

X … diskrete Zufallsvariable; $a_1, a_2, \ldots, a_k$ bzw. $x_1, x_2, \ldots, x_n$ … mögliche Werte der Zufallsvariablen X; $P(X = a_i) = p_i$ bzw. $P(X = x_i)$ … Wahrscheinlichkeit des Ereignisses $X = a_i$ bzw. $X = x_i$; F … Verteilungsfunktion von X; $\mu = E(X)$ … Erwartungswert von X; $\sigma^2 = V(X)$ … Varianz von X; σ … Standardabweichung von X

$$F: \mathbb{R} \to [0, 1],\ y = P(X \leq x) = \sum_{x_i \leq x} P(X = x_i)$$

$$\mu = E(X) = a_1 \cdot p_1 + a_2 \cdot p_2 + \ldots + a_k \cdot p_k = \sum_{i=1}^{k} a_i \cdot p_i$$

$$\mu = E(X) = x_1 \cdot P(X = x_1) + x_2 \cdot P(X = x_2) + \ldots + x_n \cdot P(X = x_n) = \sum_{i=1}^{n} x_i \cdot P(X = x_i)$$

$$\sigma^2 = V(X) = (a_1 - \mu)^2 \cdot p_1 + (a_2 - \mu)^2 \cdot p_2 + \ldots + (a_k - \mu)^2 \cdot p_k = \sum_{i=1}^{k} (a_i - \mu)^2 \cdot p_i$$

$$\sigma^2 = V(X) = E\left[(X - \mu)^2\right] = (x_1 - \mu)^2 \cdot P(X = x_1) + (x_2 - \mu)^2 \cdot P(X = x_2) + \ldots + (x_n - \mu)^2 \cdot P(X = x_n) = \sum_{i=1}^{n} (x_i - \mu)^2 \cdot P(X = x_i)$$

$$\sigma^2 = V(X) = E(X^2) - [E(X)]^2 = \sum_{i=1}^{k} a_i^2 \cdot p_i - \mu^2 = \sum_{i=1}^{n} x_i^2 \cdot P(X = x_i) - \mu^2$$

$$\sigma = \sqrt{V(X)}$$

X … stetige Zufallsvariable; f … Wahrscheinlichkeitsdichtefunktion von X

$$F: \mathbb{R} \to [0, 1],\ F(x) = P(-\infty < X \leq x) = \int_{-\infty}^{x} f(t)\, dt$$

$$\mu = E(X) = \int_{-\infty}^{\infty} x \cdot f(x)\, dx$$

$$\sigma^2 = V(X) = \int_{-\infty}^{\infty} (x - \mu)^2 \cdot f(x)\, dx$$

$$\sigma = \sqrt{V(X)}$$

15.5 Binomialverteilung[1]

$n \in \mathbb{N}^*; k \in \mathbb{N}; k \leq n; p \in \mathbb{R}; 0 \leq p \leq 1$

X bzw. H ist binomialverteilt mit den Parametern n und p.

$$P(X = k) = P(H = k) = b_{n,p}(k) = \binom{n}{k} p^k (1 - p)^{n-k}$$

$$\mu = E(X) = E(H) = np$$

$$\sigma^2 = V(X) = V(H) = np(1 - p) \qquad \sigma = \sqrt{np(1 - p)}$$

15.6 Normalverteilung[2]

$\mu, \sigma \in \mathbb{R}; \sigma > 0$; f ... Wahrscheinlichkeitsdichtefunktion;

φ ... Wahrscheinlichkeitsdichtefunktion der Standardnormalverteilung;

Φ ... Verteilungsfunktion der Standardnormalverteilung

X ist normalverteilt mit den Parametern μ und σ: $N(\mu; \sigma^2)$

$$f(x) = \frac{1}{\sigma\sqrt{2\pi}} e^{-\frac{1}{2}\left(\frac{x-\mu}{\sigma}\right)^2} \qquad x \in \mathbb{R}$$

$$P(X \leq x_1) = \int_{-\infty}^{x_1} f(x)\,dx = \int_{-\infty}^{x_1} \frac{1}{\sigma\sqrt{2\pi}} e^{-\frac{1}{2}\left(\frac{x-\mu}{\sigma}\right)^2} dx$$

$$E(X) = \mu$$

$$V(X) = \sigma^2$$

$$P(\mu - \sigma \leq X \leq \mu + \sigma) \approx 0{,}683$$

$$P(\mu - 2\sigma \leq X \leq \mu + 2\sigma) \approx 0{,}954$$

$$P(\mu - 3\sigma \leq X \leq \mu + 3\sigma) \approx 0{,}997$$

Umrechnung in die Standardnormalverteilung: $z = \frac{x - \mu}{\sigma}$

Umrechnung von der Standardnormalverteilung: $x = \mu + z\sigma$

1) Tabellen auf den Seiten 49 bis 51.

2) Tabellen auf den Seiten 52 bis 54.

Standardnormalverteilung N(0; 1)

Z ist standardnormalverteilt: $N(0,1^2)$

$\varphi(x) = \frac{1}{\sqrt{2\pi}} e^{-\frac{x^2}{2}}$ $\mu = 0$ $\sigma = 1$

$\Phi(z) = P(Z \leq z) = \int_{-\infty}^{z} \varphi(x)\,dx = \frac{1}{\sqrt{2\pi}} \int_{-\infty}^{z} e^{-\frac{x^2}{2}}\,dx$

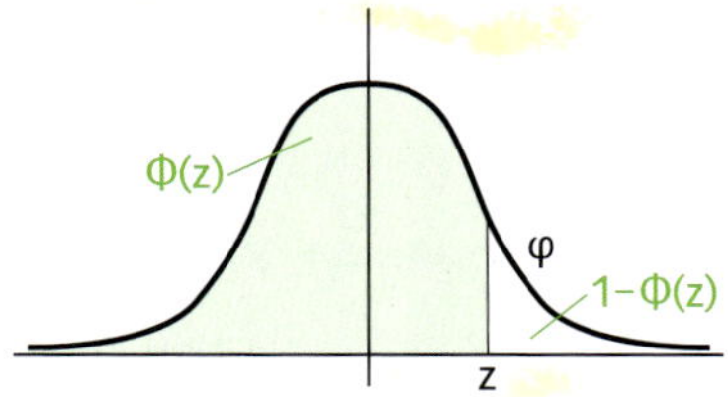

$\Phi(-z) = 1 - \Phi(z)$

$P(-z \leq Z \leq z) = \Phi(z) - \Phi(-z) = 2\Phi(z) - 1 = D(z)$

$P(-z \leq Z \leq z)$	$= 90\,\%$	$= 95\,\%$	$= 99\,\%$
z	$\approx 1{,}645$	$\approx 1{,}960$	$\approx 2{,}576$

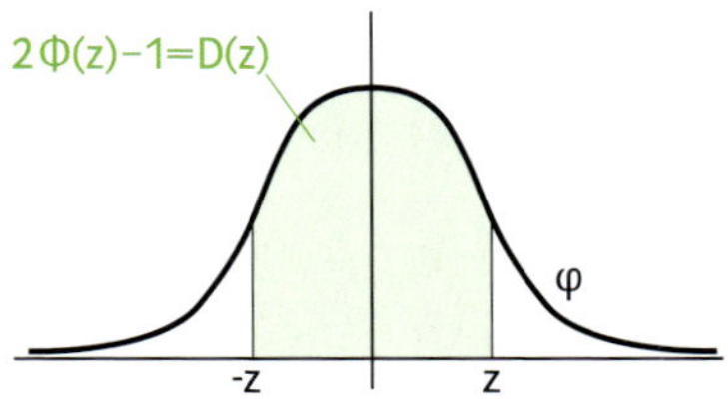

Standardisierungsformeln

$a, b \in \mathbb{R}$

$P(X \leq a) = \Phi\left(\frac{a-\mu}{\sigma}\right)$

$P(X \geq a) = 1 - \Phi\left(\frac{a-\mu}{\sigma}\right)$

$P(a \leq X \leq b) = \Phi\left(\frac{b-\mu}{\sigma}\right) - \Phi\left(\frac{a-\mu}{\sigma}\right)$

$P(X \leq \mu + z\sigma) = \Phi(z)$

$P(X \geq \mu + z\sigma) = 1 - \Phi(z)$

$P(\mu + z_1\sigma \leq X \leq \mu + z_2\sigma) = \Phi(z_2) - \Phi(z_1)$

$P(\mu - z\sigma \leq X \leq \mu + z\sigma) = P(|X - \mu| \leq z\sigma) =$

$= \Phi(z) - \Phi(-z) = 2\Phi(z) - 1 = D(z)$

(Anti-)Streubereiche (Schätzbereiche)

γ … Wahrscheinlichkeit für den Streubereich;

α … Wahrscheinlichkeit für den Antistreubereich

Zweiseitiger Streubereich für X:

$P(|X - \mu| \leq z\sigma) = \gamma = 2\Phi(z) - 1 = D(z)$

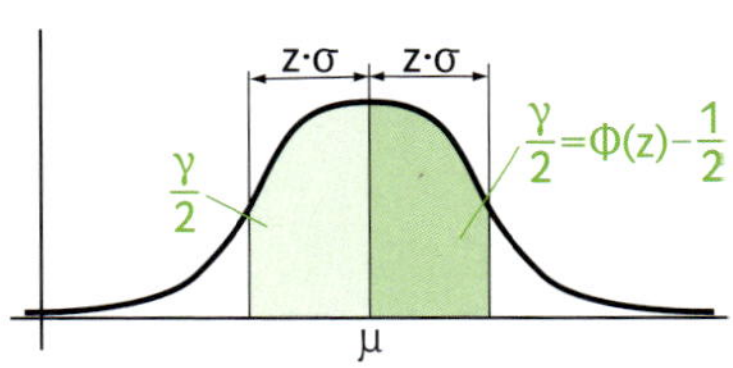

Zweiseitiger Antistreubereich für X:

$P(|X - \mu| \geq z\sigma) = \alpha = 2(1 - \Phi(z))$

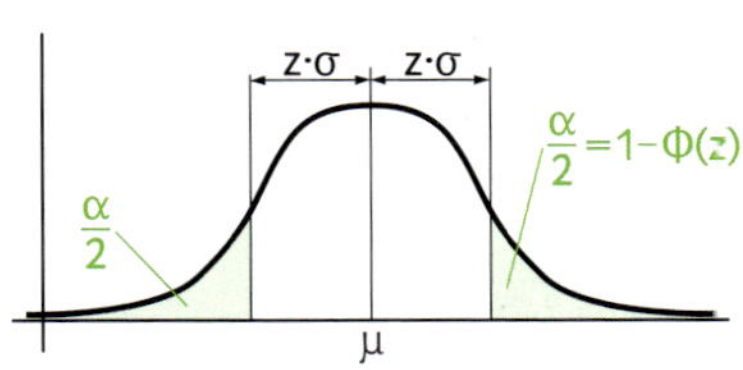

15.7 Approximation der Binomialverteilung durch die Normalverteilung

X ist binomialverteilt mit den Parametern $\mu = np$ und $\sigma = \sqrt{np(1-p)}$.

Anstelle der Bezeichnung X ist auch H üblich.

Ohne Stetigkeitskorrektur:

$a, b \in \mathbb{R}$

$$P(X \leq a) \approx \Phi\left(\frac{a-\mu}{\sigma}\right)$$

$$P(X \geq a) \approx 1 - \Phi\left(\frac{a-\mu}{\sigma}\right)$$

$$P(a \leq X \leq b) \approx \Phi\left(\frac{b-\mu}{\sigma}\right) - \Phi\left(\frac{a-\mu}{\sigma}\right)$$

$$P(X \leq \mu + z\sigma) \approx \Phi(z)$$

$$P(X \geq \mu + z\sigma) \approx 1 - \Phi(z)$$

$$P(\mu + z_1\sigma \leq X \leq \mu + z_2\sigma) \approx \Phi(z_2) - \Phi(z_1)$$

$$P(\mu - z\sigma \leq X \leq \mu + z\sigma) = P(|X - \mu| \leq z\sigma) \approx$$
$$\approx \Phi(z) - \Phi(-z) = 2\Phi(z) - 1 = D(z)$$

Mit Stetigkeitskorrektur:

$a, b \in \mathbb{R}$

$$P(X \leq a) \approx \Phi\left(\frac{a-\mu+0{,}5}{\sigma}\right)$$

$$P(X \geq a) \approx 1 - \Phi\left(\frac{a-\mu-0{,}5}{\sigma}\right)$$

$$P(a \leq X \leq b) \approx$$
$$\approx \Phi\left(\frac{b-\mu+0{,}5}{\sigma}\right) - \Phi\left(\frac{a-\mu-0{,}5}{\sigma}\right)$$

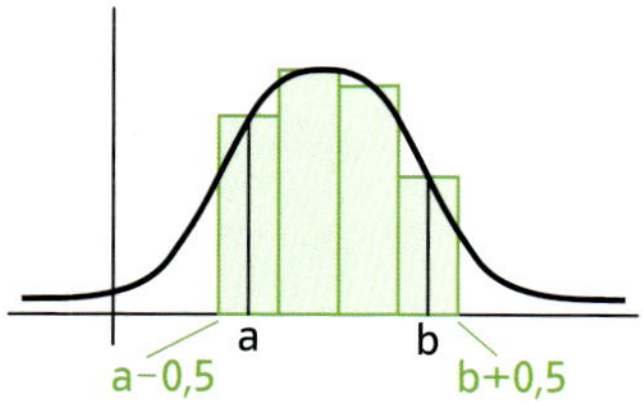

$$P(X \leq \mu + z\sigma) \approx \Phi\left(z + \frac{1}{2\sigma}\right)$$

$$P(X \geq \mu + z\sigma) \approx 1 - \Phi\left(z - \frac{1}{2\sigma}\right)$$

$$P(\mu + z_1\sigma \leq X \leq \mu + z_2\sigma) \approx$$
$$\approx \Phi\left(z_2 + \frac{1}{2\sigma}\right) - \Phi\left(z_1 - \frac{1}{2\sigma}\right)$$

$$P(\mu - z\sigma \leq X \leq \mu + z\sigma) = P(|X - \mu| \leq z\sigma) \approx$$
$$\approx \Phi\left(z + \frac{1}{2\sigma}\right) - \Phi\left(-z - \frac{1}{2\sigma}\right) = 2\Phi\left(z + \frac{1}{2\sigma}\right) - 1$$

γ-Streubereiche (γ-Schätzbereiche)

X … absolute Häufigkeit; $\frac{X}{n}$ … relative Häufigkeit; $\mu = np$

$P\left(|X - \mu| \leq z\sqrt{np(1-p)}\right) = \gamma \approx 2\Phi(z) - 1 = D(z)$ ohne Stetigkeitskorrektur

$P\left(|X - \mu| \leq z\sqrt{np(1-p)} - 0{,}5\right) = \gamma \approx 2\Phi(z) - 1 = D(z)$ mit Stetigkeitskorrektur

$P\left(\left|\frac{X}{n} - p\right| \leq z\sqrt{\frac{p(1-p)}{n}}\right) = \gamma \approx 2\Phi(z) - 1 = D(z)$ ohne Stetigkeitskorrektur

$P\left(\left|\frac{X}{n} - p\right| \leq z\sqrt{\frac{p(1-p)}{n}} - \frac{0{,}5}{n}\right) = \gamma \approx 2\Phi(z) - 1 = D(z)$ mit Stetigkeitskorrektur

Konfidenzintervall

γ … Konfidenzniveau (Sicherheitsniveau); α_0 … Irrtumswahrscheinlichkeit; $1 - \alpha_0 = \gamma$

$$\hat{p} - z\sqrt{\frac{\hat{p}(1-\hat{p})}{n}} \leq p \leq \hat{p} + z\sqrt{\frac{\hat{p}(1-\hat{p})}{n}}$$

γ-Konfidenzintervall mit $\gamma = 2\Phi(z) - 1 = D(z)$ bzw. $\Phi(z) = \frac{1+\gamma}{2}$ für den unbekannten relativen Anteil p einer Grundgesamtheit auf Grund eines Versuchsergebnisses $\hat{p}$ (relative Häufigkeit) bei einer Stichprobe vom Umfang n

$$(1-\alpha_0)\text{-Konfidenzintervall} \approx \left[h - z_0\sqrt{\frac{h(1-h)}{n}},\ h + z_0\sqrt{\frac{h(1-h)}{n}}\right]$$

für den unbekannten relativen Anteil p einer Grundgesamtheit mit $\Phi(z_0) = 1 - \frac{\alpha_0}{2}$ und der relativen Häufigkeit h bei einer Stichprobe vom Umfang n

15.8 Weitere diskrete Verteilungen

Hypergeometrische Verteilung

$n, N, M \in \mathbb{N}^*; k \in \mathbb{N}; n \leq N; k \leq n; k \leq M; n-k \leq N-M; M \leq N$

$$P(X=k) = \frac{\binom{M}{k}\binom{N-M}{n-k}}{\binom{N}{n}}$$

$$\mu = E(X) = n\,\frac{M}{N} \qquad \sigma^2 = V(X) = n\,\frac{M}{N}\left(1-\frac{M}{N}\right)\frac{N-n}{N-1}$$

Geometrische Verteilung

$k \in \mathbb{N}^*; 0 < p \leq 1$

$$P(X=k) = (1-p)^{k-1}p$$

$$\mu = E(X) = \frac{1}{p} \qquad \sigma^2 = V(X) = \frac{1-p}{p^2}$$

Gleichverteilung

$k, n \in \mathbb{N}^*; k \leq n$

$$P(X=k) = \frac{1}{n}$$

$$\mu = E(X) = \frac{n+1}{2} \qquad \sigma^2 = V(X) = \frac{n^2-1}{12}$$

15.9 Weitere stetige Verteilungen

f … Wahrscheinlichkeitsdichtefunktion

Gleichverteilung

$$f(x) = \begin{cases} \frac{1}{b-a} & x \in [a, b] \\ 0 & x \notin [a, b] \end{cases}$$

$$\mu = E(X) = \frac{a+b}{2} \qquad \sigma^2 = V(X) = \frac{(b-a)^2}{12}$$

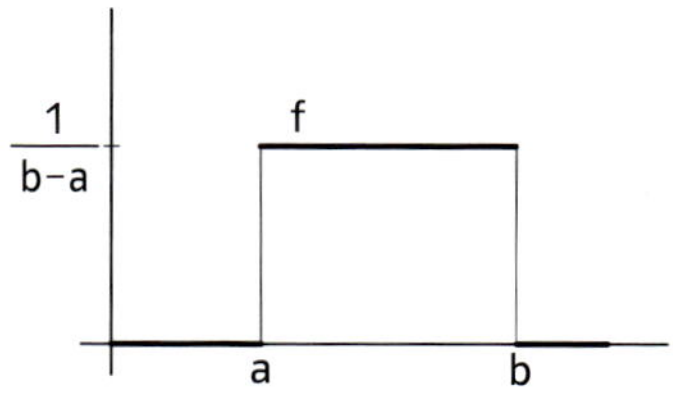

Exponentialverteilung

$a \in \mathbb{R}^+$

$$f(x) = \begin{cases} a \cdot e^{-ax} & x \geq 0 \\ 0 & x < 0 \end{cases}$$

$$\mu = E(X) = \frac{1}{a} \qquad \sigma^2 = V(X) = \frac{1}{a^2}$$

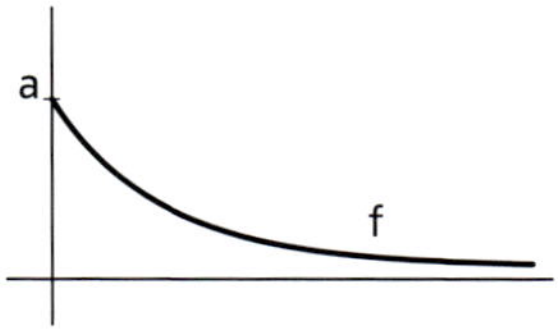

15.10 Chi-Quadrat-Abweichungsmaß[1)]

b_i … beobachtete Häufigkeit in der Klasse i ($i = 1, 2, \ldots, n$);

e_i … erwartete Häufigkeit in der Klasse i

$$\chi^2 = \frac{(b_1 - e_1)^2}{e_1} + \frac{(b_2 - e_2)^2}{e_2} + \ldots + \frac{(b_n - e_n)^2}{e_n} = \sum_{i=1}^{n} \frac{(b_i - e_i)^2}{e_i}$$

1) Tabelle auf Seite 54.

16 Physikalische Grundlagen

16.1 Bezeichnungen

ppm … parts per million

1 Prozent $= 10^{-2} = 10\,000$ ppm = Teile pro Hundert = 1%

1 Promille $= 10^{-3} = 1000$ ppm = Teile pro Tausend = 0,1% = 1‰

1 ppm $= 10^{-6}$ = Teile pro Million = 0,0001%

SI-Vorsätze

Vorsilbe	Bedeutung	Abkürzung	Zehnerpotenz
Tera-	Billion	T	$10^{12} = 1\,000\,000\,000\,000$
Giga-	Milliarde	G	$10^{9} = 1\,000\,000\,000$
Mega-	Million	M	$10^{6} = 1\,000\,000$
Kilo-	Tausend	k	$10^{3} = 1000$
Hekto-	Hundert	h	$10^{2} = 100$
Deka-	Zehn	da	$10^{1} = 10$
Dezi-	Zehntel	d	$10^{-1} = 0{,}1$
Zenti-	Hunderstel	c	$10^{-2} = 0{,}01$
Milli-	Tausendstel	m	$10^{-3} = 0{,}001$
Mikro-	Millionstel	µ	$10^{-6} = 0{,}000\,001$
Nano-	Milliardstel	n	$10^{-9} = 0{,}000\,000\,001$
Pico-	Billionstel	p	$10^{-12} = 0{,}000\,000\,000\,001$

16.2 Physikalische Größen und Einheiten

Größe	Einheit	Symbol	Beziehung
Temperatur	Grad Celsius bzw. Kelvin	°C K	$\Delta t = \Delta T$
Frequenz	Hertz	Hz	$1\,Hz = 1\,s^{-1}$
Energie, Arbeit, Wärmemenge	Joule	J	$1\,J = 1\,kg \cdot m^2 \cdot s^{-2}$
Kraft	Newton	N	$1\,N = 1\,kg \cdot m \cdot s^{-2}$
Drehmoment	Newton-meter	N·m	$1\,N \cdot m = 1\,kg \cdot m^2 \cdot s^{-2}$
elektrischer Widerstand	Ohm	Ω	$1\,\Omega = 1\,V \cdot A^{-1} = 1\,kg \cdot m^2 \cdot A^{-2} \cdot s^{-3}$
Druck	Pascal	Pa	$1\,Pa = 1\,N \cdot m^{-2} = 1\,kg \cdot m^{-1} \cdot s^{-2}$
elektrische Stromstärke	Ampere	A	$1\,A = 1\,C \cdot s^{-1} \quad \Leftrightarrow \quad 1\,C = 1\,A \cdot s$
elektrische Spannung	Volt	V	$1\,V = 1\,J \cdot C^{-1} = 1\,kg \cdot m^2 \cdot A^{-1} \cdot s^{-3}$
Leistung	Watt	W	$1\,W = 1\,J \cdot s^{-1} = 1\,kg \cdot m^2 \cdot s^{-3}$

16.3 Definitionen und Beziehungen

Größe	Definitionen, Beziehungen		
Dichte	$\rho = \frac{m}{V}$		
Leistung	$P = \frac{E}{t} = \frac{W}{t}$	$P = \frac{\Delta W}{\Delta t} = \frac{\Delta E}{\Delta t}$	$P = \frac{dW(t)}{dt}$
Kraft	$F = m \cdot a$		$F = \frac{dW}{ds}$
Arbeit	$W = F \cdot s$		$W = \int F(s)\,ds$
kinetische Energie	$E_{kin} = \frac{1}{2} \cdot m \cdot v^2$		
potentielle Energie	$E_{pot} = m \cdot g \cdot h$		
gleichförmige geradlinige Bewegung	$v = \frac{s}{t}$	$v = \frac{\Delta s}{\Delta t}$	$v(t) = s'(t) = \frac{ds}{dt}$
gleichmäßig beschleunigte geradlinige Bewegung	$v = a \cdot t + v_0$	$a = \frac{\Delta v}{\Delta t}$	$a(t) = v'(t) = \frac{dv}{dt} = s''(t) = \frac{d^2s}{dt^2}$

17 Finanzmathematische Grundlagen

17.1 Zinseszinsrechnung

K_0 ... Anfangskapital; K_n ... Endkapital nach n Jahren bei ganzjähriger Verzinsung;

p ... Zinssatz in Prozent; i ... dezimaler Zinssatz

$$K_n = K_0 \cdot \left(1 + \frac{p}{100}\right)^n = K_0 \cdot (1+i)^n \qquad i = \frac{p}{100}$$

17.2 Kosten-Preis-Theorie

x ... verkaufte od. produzierte Menge eines Produktes; K_f ... Fixkosten; $K_v(x)$ ... variable Kosten

Kostenfunktion K: $K(x) = K_f + K_v(x)$

Linearer Verlauf: K ist streng monoton wachsend, linear; $K'(x)$ ist konstant

Progressiver Verlauf: K ist streng monoton wachsend, linksgekrümmt; $K'(x) > 0$, $K''(x) > 0$

Degressiver Verlauf: K ist streng monoton wachsend, rechtsgekrümmt; $K'(x) > 0$, $K''(x) < 0$

Regressiver Verlauf: K ist monoton fallend

Stückkosten: $k(x) = \frac{K(x)}{x}$

Nachfragepreis: $p(x)$

Erlös: $E(x) = p(x) \cdot x$

Gewinn: $G(x) = E(x) - K(x)$

Grenzkosten: $K'(x) = \frac{dK(x)}{dx}$

(≈ Kostenerhöhung für eine zusätzliche Mengeneinheit)

Grenzerlös: $E'(x) = \frac{dE(x)}{dx}$

(≈ Erlöszuwachs bei Verkauf einer zusätzlichen Mengeneinheit)

Grenzgewinn: $G'(x) = \frac{dG(x)}{dx}$

(≈ Gewinnzuwachs bei Verkauf einer zusätzlichen Mengeneinheit)

Break-Even-Point: $G(x) = 0$ (**Gewinnschwelle**)

$E(x) = K(x)$ (erste) Nullstelle der Gewinnfunktion

Betriebsoptimum: $k'(x) = 0$

Binomialkoeffizienten $\binom{n}{k}$ bzw. $\binom{N}{n}$

n \ k	2	3	4	5	6	7	8	9	10	11	12	13
2	1											
3	3	1										
4	6	4	1									
5	10	10	5	1								
6	15	20	15	6	1							
7	21	35	35	21	7	1						
8	28	56	70	56	28	8	1					
9	36	84	126	126	84	36	9	1				
10	45	120	210	252	210	120	45	10	1			
11	55	165	330	462	462	330	165	55	11	1		
12	66	220	495	792	924	792	495	220	66	12	1	
13	78	286	715	1 287	1 716	1 716	1 287	715	286	78	13	1
14	91	364	1 001	2 002	3 003	3 432	3 003	2 002	1 001	364	91	14
15	105	455	1 365	3 003	5 005	6 435	6 435	5 005	3 003	1 365	455	105
16	120	560	1 820	4 368	8 008	11 440	12 870	11 440	8 008	4 368	1 820	560
17	136	680	2 380	6 188	12 376	19 448	24 310	24 310	19 448	12 376	6 188	2 380
18	153	816	3 060	8 568	18 564	31 824	43 758	48 620	43 758	31 824	18 561	8 568
19	171	969	3 876	11 628	27 132	50 388	75 582	92 378	92 378	75 582	50 388	27 132
20	190	1 140	4 845	15 504	38 760	77 520	125 970	167 960	184 756	167 960	125 970	77 520
21	210	1 330	5 985	20 349	54 264	116 280	203 490	293 930	352 716	352 716	293 930	203 490
22	231	1 540	7 315	26 334	74 613	170 544	319 770	497 420	646 646	705 432	646 646	497 420
23	253	1 771	8 855	33 649	100 947	245 157	490 314	817 190	1 144 066	1 352 078	1 352 078	1 144 066
24	276	2 024	10 626	42 504	134 596	346 104	735 471	1 307 504	1 961 256	2 496 144	2 704 156	2 496 144
25	300	2 300	12 650	53 130	177 100	480 700	1 081 575	2 042 975	3 268 760	4 457 400	5 200 300	5 200 300
26	325	2 600	14 950	65 780	230 230	657 800	1 562 275	3 124 550	5 311 735	7 726 160	9 657 700	10 400 600

Binomialverteilung mit n = 10 und $p = \frac{1}{6}$ $P(H \overset{\leq}{\underset{\geq}{=}} k)$ bzw. $P(X \overset{\leq}{\underset{\geq}{=}} k)$

k	0	1	2	3	4	5	6	7	8	9	10
P(H = k)	0,162	0,323	0,291	0,155	0,054	0,013	0,002				
P(H ≤ k)	0,162	0,485	0,775	0,930	0,985	0,998	1,000	1,000	1,000	1,000	1,000
P(H ≥ k)	1,000	0,838	0,515	0,225	0,070	0,016	0,002				

Binomialverteilung mit n = 20 und $p = \frac{1}{6}$ $P(H \overset{\leq}{\underset{\geq}{=}} k)$ bzw. $P(X \overset{\leq}{\underset{\geq}{=}} k)$

k	0	1	2	3	4	5	6	7	8	9	10	11	12	13	14	15	16	17	18	19	20
P(H = k)	0,026	0,104	0,198	0,238	0,202	0,129	0,065	0,026	0,008	0,002											
P(H ≤ k)	0,026	0,130	0,329	0,567	0,769	0,898	0,963	0,989	0,997	0,999	1,000	1,000	1,000	1,000	1,000	1,000	1,000	1,000	1,000	1,000	1,000
P(H ≥ k)	1,000	0,974	0,870	0,671	0,433	0,231	0,102	0,037	0,011	0,003	0,001										

Keine Eintragung bedeutet 0,000.

Binomialverteilung mit n = 10 und verschiedenen p

P(H = k) = P(X = k)

p \ k	0	1	2	3	4	5	6	7	8	9	10	
0,01	0,904	0,091	0,004									0,99
0,02	0,817	0,167	0,015	0,001								0,98
0,05	0,599	0,315	0,075	0,011								0,95
0,10	0,349	0,387	0,194	0,057	0,011							0,90
0,15	0,197	0,347	0,276	0,130	0,040	0,008	0,001					0,85
0,20	0,107	0,268	0,302	0,201	0,088	0,026	0,006	0,001				0,80
0,25	0,056	0,188	0,282	0,250	0,146	0,058	0,016	0,003				0,75
0,30	0,028	0,121	0,233	0,267	0,200	0,103	0,037	0,009	0,001			0,70
0,35	0,014	0,073	0,176	0,252	0,238	0,154	0,069	0,021	0,004	0,001		0,65
0,40	0,006	0,040	0,121	0,215	0,251	0,201	0,111	0,043	0,011	0,002		0,60
0,45	0,003	0,021	0,076	0,166	0,238	0,234	0,160	0,075	0,023	0,004		0,55
0,50	0,001	0,010	0,044	0,117	0,205	0,246	0,205	0,117	0,044	0,010	0,001	0,50
	10	9	8	7	6	5	4	3	2	1	0	k / p

P(H ≤ k) = P(X ≤ k)

p \ k	0	1	2	3	4	5	6	7	8	9	10	
0,01	0,904	0,996	1,000	1,000	1,000	1,000	1,000	1,000	1,000	1,000	1,000	0,99
0,02	0,817	0,984	0,999	1,000	1,000	1,000	1,000	1,000	1,000	1,000	1,000	0,98
0,05	0,599	0,914	0,988	0,999	1,000	1,000	1,000	1,000	1,000	1,000	1,000	0,95
0,10	0,349	0,736	0,930	0,987	0,998	1,000	1,000	1,000	1,000	1,000	1,000	0,90
0,15	0,197	0,544	0,820	0,950	0,990	0,999	1,000	1,000	1,000	1,000	1,000	0,85
0,20	0,107	0,376	0,678	0,879	0,967	0,994	0,999	1,000	1,000	1,000	1,000	0,80
0,25	0,056	0,244	0,526	0,776	0,922	0,980	0,996	1,000	1,000	1,000	1,000	0,75
0,30	0,028	0,149	0,383	0,650	0,850	0,953	0,989	0,998	1,000	1,000	1,000	0,70
0,35	0,014	0,086	0,262	0,514	0,751	0,905	0,974	0,995	0,999	1,000	1,000	0,65
0,40	0,006	0,046	0,167	0,382	0,633	0,834	0,945	0,988	0,998	1,000	1,000	0,60
0,45	0,003	0,023	0,100	0,266	0,504	0,738	0,898	0,973	0,995	1,000	1,000	0,55
0,50	0,001	0,011	0,055	0,172	0,377	0,623	0,828	0,945	0,989	0,999	1,000	0,50
0,55		0,005	0,027	0,102	0,262	0,496	0,734	0,900	0,977	0,997	1,000	0,45
0,60		0,002	0,012	0,055	0,166	0,367	0,618	0,833	0,954	0,994	1,000	0,40
0,65		0,001	0,005	0,026	0,095	0,249	0,486	0,738	0,914	0,987	1,000	0,35
0,70			0,002	0,011	0,047	0,150	0,350	0,617	0,851	0,972	1,000	0,30
0,75				0,004	0,020	0,078	0,224	0,474	0,756	0,944	1,000	0,25
0,80				0,001	0,006	0,033	0,121	0,322	0,624	0,893	1,000	0,20
0,85					0,001	0,010	0,050	0,180	0,456	0,803	1,000	0,15
0,90						0,002	0,013	0,070	0,264	0,651	1,000	0,10
0,95							0,001	0,012	0,086	0,401	1,000	0,05
0,98								0,001	0,016	0,183	1,000	0,02
0,99									0,004	0,096	1,000	0,01
	10	9	8	7	6	5	4	3	2	1	0	k / p

P(H ≥ k) = P(X ≥ k)

Keine Eintragung bedeutet 0,000.

Binomialverteilung mit n = 20 und verschiedenen p

P(H = k) = P(X = k)

p \ k	0	1	2	3	4	5	6	7	8	9	10	11	12	13	14	15	16	17	18	19	20	
0,01	0,818	0,165	0,016	0,001																		0,99
0,02	0,668	0,272	0,053	0,006	0,001																	0,98
0,05	0,358	0,377	0,189	0,060	0,013	0,002																0,95
0,10	0,122	0,270	0,285	0,190	0,090	0,032	0,009	0,002														0,90
0,15	0,039	0,137	0,229	0,243	0,182	0,103	0,045	0,016	0,005	0,001												0,85
0,20	0,012	0,058	0,137	0,205	0,218	0,175	0,109	0,055	0,022	0,007	0,002											0,80
0,25	0,003	0,021	0,067	0,134	0,190	0,202	0,169	0,112	0,061	0,027	0,010	0,003	0,001									0,75
0,30	0,001	0,007	0,028	0,072	0,130	0,179	0,192	0,164	0,114	0,065	0,031	0,012	0,004	0,001								0,70
0,35		0,002	0,010	0,032	0,074	0,127	0,171	0,184	0,161	0,116	0,069	0,034	0,014	0,005	0,001							0,65
0,40			0,003	0,012	0,035	0,075	0,124	0,166	0,180	0,160	0,117	0,071	0,036	0,015	0,005	0,001						0,60
0,45			0,001	0,004	0,014	0,037	0,075	0,122	0,162	0,177	0,159	0,119	0,073	0,037	0,015	0,005	0,001					0,55
0,50				0,001	0,005	0,015	0,037	0,074	0,120	0,160	0,176	0,160	0,120	0,074	0,037	0,015	0,005	0,001				0,50
	20	19	18	17	16	15	14	13	12	11	10	9	8	7	6	5	4	3	2	1	0	k \ p

P(H ≤ k) = P(X ≤ k)

p \ k	0	1	2	3	4	5	6	7	8	9	10	11	12	13	14	15	16	17	18	19	20	
0,01	0,818	0,983	0,999	1,000	1,000	1,000	1,000	1,000	1,000	1,000	1,000	1,000	1,000	1,000	1,000	1,000	1,000	1,000	1,000	1,000	1,000	0,99
0,02	0,668	0,940	0,993	0,999	1,000	1,000	1,000	1,000	1,000	1,000	1,000	1,000	1,000	1,000	1,000	1,000	1,000	1,000	1,000	1,000	1,000	0,98
0,05	0,358	0,736	0,925	0,984	0,997	1,000	1,000	1,000	1,000	1,000	1,000	1,000	1,000	1,000	1,000	1,000	1,000	1,000	1,000	1,000	1,000	0,95
0,10	0,122	0,392	0,677	0,867	0,957	0,989	0,998	1,000	1,000	1,000	1,000	1,000	1,000	1,000	1,000	1,000	1,000	1,000	1,000	1,000	1,000	0,90
0,15	0,039	0,176	0,405	0,648	0,830	0,933	0,978	0,994	0,999	1,000	1,000	1,000	1,000	1,000	1,000	1,000	1,000	1,000	1,000	1,000	1,000	0,85
0,20	0,012	0,069	0,206	0,411	0,630	0,804	0,913	0,968	0,990	0,997	0,999	1,000	1,000	1,000	1,000	1,000	1,000	1,000	1,000	1,000	1,000	0,80
0,25	0,003	0,024	0,091	0,225	0,415	0,617	0,786	0,898	0,959	0,986	0,996	0,999	1,000	1,000	1,000	1,000	1,000	1,000	1,000	1,000	1,000	0,75
0,30	0,001	0,008	0,036	0,107	0,238	0,416	0,608	0,772	0,887	0,952	0,983	0,995	0,999	1,000	1,000	1,000	1,000	1,000	1,000	1,000	1,000	0,70
0,35		0,002	0,012	0,044	0,118	0,245	0,417	0,601	0,762	0,878	0,947	0,980	0,994	0,998	1,000	1,000	1,000	1,000	1,000	1,000	1,000	0,65
0,40		0,001	0,004	0,016	0,051	0,126	0,250	0,416	0,596	0,755	0,872	0,943	0,979	0,994	0,998	1,000	1,000	1,000	1,000	1,000	1,000	0,60
0,45			0,001	0,005	0,019	0,055	0,130	0,252	0,414	0,591	0,751	0,869	0,942	0,979	0,994	0,998	1,000	1,000	1,000	1,000	1,000	0,55
0,50				0,001	0,006	0,021	0,058	0,132	0,252	0,412	0,588	0,748	0,868	0,942	0,979	0,994	0,999	1,000	1,000	1,000	1,000	0,50
0,55					0,001	0,006	0,021	0,058	0,131	0,249	0,409	0,586	0,748	0,870	0,945	0,981	0,995	0,999	1,000	1,000	1,000	0,45
0,60						0,001	0,006	0,021	0,057	0,128	0,245	0,404	0,584	0,750	0,874	0,949	0,984	0,996	0,999	1,000	1,000	0,40
0,65							0,001	0,006	0,020	0,053	0,122	0,238	0,399	0,583	0,755	0,882	0,956	0,988	0,998	1,000	1,000	0,35
0,70								0,001	0,005	0,017	0,048	0,113	0,228	0,392	0,584	0,762	0,893	0,965	0,992	0,999	1,000	0,30
0,75									0,001	0,004	0,014	0,041	0,102	0,214	0,383	0,585	0,775	0,909	0,976	0,997	1,000	0,25
0,80										0,001	0,003	0,010	0,032	0,087	0,196	0,370	0,589	0,794	0,931	0,988	1,000	0,20
0,85												0,001	0,006	0,022	0,067	0,170	0,352	0,595	0,824	0,961	1,000	0,15
0,90														0,002	0,011	0,043	0,133	0,323	0,608	0,878	1,000	0,10
0,95																0,003	0,016	0,076	0,264	0,642	1,000	0,05
0,98																	0,001	0,007	0,060	0,332	1,000	0,02
0,99																		0,001	0,017	0,182	1,000	0,01
	20	19	18	17	16	15	14	13	12	11	10	9	8	7	6	5	4	3	2	1	0	k \ p

P(H ≥ k) = P(X ≥ k)

Keine Eintragung bedeutet 0,000

Normalverteilung

z	$\Phi(-z)$	$\Phi(z)$	$D(z)$
	0,	0,	0,
0,01	4960	5040	0080
0,02	4920	5080	0160
0,03	4880	5120	0239
0,04	4840	5160	0319
0,05	4801	5199	0399
0,06	4761	5239	0478
0,07	4721	5279	0558
0,08	4681	5319	0638
0,09	4641	5359	0717
0,10	4602	5398	0797
0,11	4562	5438	0876
0,12	4522	5478	0955
0,13	4483	5517	1034
0,14	4443	5557	1113
0,15	4404	5596	1192
0,16	4364	5636	1271
0,17	4325	5675	1350
0,18	4286	5714	1428
0,19	4247	5753	1507
0,20	4207	5793	1585
0,21	4168	5832	1663
0,22	4129	5871	1741
0,23	4090	5910	1819
0,24	4052	5948	1897
0,25	4013	5987	1974
0,26	3974	6026	2051
0,27	3936	6064	2128
0,28	3897	6103	2205
0,29	3859	6141	2282
0,30	3821	6179	2358
0,31	3783	6217	2434
0,32	3745	6255	2510
0,33	3707	6293	2586
0,34	3669	6331	2661
0,35	3632	6368	2737
0,36	3594	6406	2812
0,37	3557	6443	2886
0,38	3520	6480	2961
0,39	3483	6517	3035
0,40	3446	6554	3108
0,41	3409	6591	3182
0,42	3372	6628	3255
0,43	3336	6664	3328
0,44	3300	6700	3401
0,45	3264	6736	3473
0,46	3228	6772	3545
0,47	3192	6808	3616
0,48	3156	6844	3688
0,49	3121	6879	3759
0,50	3085	6915	3829

z	$\Phi(-z)$	$\Phi(z)$	$D(z)$
	0,	0,	0,
0,51	3050	6950	3899
0,52	3015	6985	3969
0,53	2981	7019	4039
0,54	2946	7054	4108
0,55	2912	7088	4177
0,56	2877	7123	4245
0,57	2843	7157	4313
0,58	2810	7190	4381
0,59	2776	7224	4448
0,60	2743	7257	4515
0,61	2709	7291	4581
0,62	2676	7324	4647
0,63	2643	7357	4713
0,64	2611	7389	4778
0,65	2578	7422	4843
0,66	2546	7454	4907
0,67	2514	7486	4971
0,68	2483	7517	5035
0,69	2451	7549	5098
0,70	2420	7580	5161
0,71	2389	7611	5223
0,72	2358	7642	5285
0,73	2327	7673	5346
0,74	2296	7704	5407
0,75	2266	7734	5467
0,76	2236	7764	5527
0,77	2206	7794	5587
0,78	2177	7823	5646
0,79	2148	7852	5705
0,80	2119	7881	5763
0,81	2090	7910	5821
0,82	2061	7939	5878
0,83	2033	7967	5935
0,84	2005	7995	5991
0,85	1977	8023	6047
0,86	1949	8051	6102
0,87	1922	8078	6157
0,88	1894	8106	6211
0,89	1867	8133	6265
0,90	1841	8159	6319
0,91	1814	8186	6372
0,92	1788	8212	6424
0,93	1762	8238	6476
0,94	1736	8264	6528
0,95	1711	8289	6579
0,96	1685	8315	6629
0,97	1660	8340	6680
0,98	1635	8365	6729
0,99	1611	8389	6778
1,00	1587	8413	6827

z	$\Phi(-z)$	$\Phi(z)$	$D(z)$
	0,	0,	0,
1,01	1562	8438	6875
1,02	1539	8461	6923
1,03	1515	8485	6970
1,04	1492	8508	7017
1,05	1469	8531	7063
1,06	1446	8554	7109
1,07	1423	8577	7154
1,08	1401	8599	7199
1,09	1379	8621	7243
1,10	1357	8643	7287
1,11	1335	8665	7330
1,12	1314	8686	7373
1,13	1292	8708	7415
1,14	1271	8729	7457
1,15	1251	8749	7499
1,16	1230	8770	7540
1,17	1210	8790	7580
1,18	1190	8810	7620
1,19	1170	8830	7660
1,20	1151	8849	7699
1,21	1131	8869	7737
1,22	1112	8888	7775
1,23	1093	8907	7813
1,24	1075	8925	7850
1,25	1056	8944	7887
1,26	1038	8962	7923
1,27	1020	8980	7959
1,28	1003	8997	7995
1,29	0985	9015	8029
1,30	0968	9032	8064
1,31	0951	9049	8098
1,32	0934	9066	8132
1,33	0918	9082	8165
1,34	0901	9099	8198
1,35	0885	9115	8230
1,36	0869	9131	8262
1,37	0853	9147	8293
1,38	0838	9162	8324
1,39	0823	9177	8355
1,40	0808	9192	8385
1,41	0793	9207	8415
1,42	0778	9222	8444
1,43	0764	9236	8473
1,44	0749	9251	8501
1,45	0735	9265	8529
1,46	0721	9279	8557
1,47	0708	9292	8584
1,48	0694	9306	8611
1,49	0681	9319	8638
1,50	0668	9332	8664

Normalverteilung

z	Φ(−z)	Φ(z)	D(z)
	0,	0,	0,
1,51	0655	9345	8690
1,52	0643	9357	8715
1,53	0630	9370	8740
1,54	0618	9382	8764
1,55	0606	9394	8789
1,56	0594	9406	8812
1,57	0582	9418	8836
1,58	0571	9429	8859
1,59	0559	9441	8882
1,60	0548	9452	8904
1,61	0537	9463	8926
1,62	0526	9474	8948
1,63	0516	9484	8969
1,64	0505	9495	8990
1,65	0495	9505	9011
1,66	0485	9515	9031
1,67	0475	9525	9051
1,68	0465	9535	9070
1,69	0455	9545	9090
1,70	0446	9554	9109
1,71	0436	9564	9127
1,72	0427	9573	9146
1,73	0418	9582	9164
1,74	0409	9591	9181
1,75	0401	9599	9199
1,76	0392	9608	9216
1,77	0384	9616	9233
1,78	0375	9625	9249
1,79	0367	9633	9265
1,80	0359	9641	9281
1,81	0351	9649	9297
1,82	0344	9656	9312
1,83	0336	9664	9328
1,84	0329	9671	9342
1,85	0322	9678	9357
1,86	0314	9686	9371
1,87	0307	9693	9385
1,88	0301	9699	9399
1,89	0294	9706	9412
1,90	0287	9713	9426
1,91	0281	9719	9439
1,92	0274	9726	9451
1,93	0268	9732	9464
1,94	0262	9738	9476
1,95	0256	9744	9488
1,96	0250	9750	9500
1,97	0244	9756	9512
1,98	0239	9761	9523
1,99	0233	9767	9534
2,00	0228	9772	9545

z	Φ(−z)	Φ(z)	D(z)
	0,	0,	0,
2,01	0222	9778	9556
2,02	0217	9783	9566
2,03	0212	9788	9576
2,04	0207	9793	9586
2,05	0202	9798	9596
2,06	0197	9803	9606
2,07	0192	9808	9615
2,08	0188	9812	9625
2,09	0183	9817	9634
2,10	0179	9821	9643
2,11	0174	9826	9651
2,12	0170	9830	9660
2,13	0166	9834	9668
2,14	0162	9838	9676
2,15	0158	9842	9684
2,16	0154	9846	9692
2,17	0150	9850	9700
2,18	0146	9854	9707
2,19	0143	9857	9715
2,20	0139	9861	9722
2,21	0136	9864	9729
2,22	0132	9868	9736
2,23	0129	9871	9743
2,24	0125	9875	9749
2,25	0122	9878	9756
2,26	0119	9881	9762
2,27	0116	9884	9768
2,28	0113	9887	9774
2,29	0110	9890	9780
2,30	0107	9893	9786
2,31	0104	9896	9791
2,32	0102	9898	9797
2,33	0099	9901	9802
2,34	0096	9904	9807
2,35	0094	9906	9812
2,36	0091	9909	9817
2,37	0089	9911	9822
2,38	0087	9913	9827
2,39	0084	9916	9832
2,40	0082	9918	9836
2,41	0080	9920	9840
2,42	0078	9922	9845
2,43	0075	9925	9849
2,44	0073	9927	9853
2,45	0071	9929	9857
2,46	0069	9931	9861
2,47	0068	9932	9865
2,48	0066	9934	9869
2,49	0064	9936	9872
2,50	0062	9938	9876

z	Φ(−z)	Φ(z)	D(z)
	0,	0,	0,
2,51	0060	9940	9879
2,52	0059	9941	9883
2,53	0057	9943	9886
2,54	0055	9945	9889
2,55	0054	9946	9892
2,56	0052	9948	9895
2,57	0051	9949	9898
2,58	0049	9951	9901
2,59	0048	9952	9904
2,60	0047	9953	9907
2,61	0045	9955	9909
2,62	0044	9956	9912
2,63	0043	9957	9915
2,64	0041	9959	9917
2,65	0040	9960	9920
2,66	0039	9961	9922
2,67	0038	9962	9924
2,68	0037	9963	9926
2,69	0036	9964	9929
2,70	0035	9965	9931
2,71	0034	9966	9933
2,72	0033	9967	9935
2,73	0032	9968	9937
2,74	0031	9969	9939
2,75	0030	9970	9940
2,76	0029	9971	9942
2,77	0028	9972	9944
2,78	0027	9973	9946
2,79	0026	9974	9947
2,80	0026	9974	9949
2,81	0025	9975	9950
2,82	0024	9976	9952
2,83	0023	9977	9953
2,84	0023	9977	9955
2,85	0022	9978	9956
2,86	0021	9979	9958
2,87	0021	9979	9959
2,88	0020	9980	9960
2,89	0019	9981	9961
2,90	0019	9981	9963
2,91	0018	9982	9964
2,92	0018	9982	9965
2,93	0017	9983	9966
2,94	0016	9984	9967
2,95	0016	9984	9968
2,96	0015	9985	9969
2,97	0015	9985	9970
2,98	0014	9986	9971
2,99	0014	9986	9972
≥ 3	≈ 0	≈ 1	≈ 1

Φ^{-1} Umkehrfunktion der Verteilungsfunktion der Standardnormalverteilung

p	$\Phi^{-1}\left(\frac{1+p}{2}\right)$
0,90	1,6449
0,95	1,9599
0,96	2,0537
0,97	2,1701
0,98	2,3263
0,99	2,5758

p	$\Phi^{-1}(p)$
0,90	1,2815
0,95	1,6449
0,96	1,7507
0,97	1,8808
0,98	2,0537
0,99	2,3263

Kritische Werte von χ^2

f	$\alpha_0 = 0{,}05$	$\alpha_0 = 0{,}01$
1	3,841	6,635
2	5,991	9,210
3	7,815	11,345
4	9,488	13,277
5	11,070	15,086
6	12,592	16,812
7	14,067	18,475
8	15,507	20,090
9	16,919	21,666
10	18,307	23,209
11	19,675	24,725
12	21,026	26,217
13	22,362	27,688
14	23,685	29,141
15	24,996	30,578
16	26,296	32,000
17	27,587	33,409
18	28,869	34,805
19	30,144	36,191
20	31,410	37,566
21	32,671	38,932
22	33,924	40,289
23	35,172	41,638
24	36,415	42,980
25	37,652	44,314
26	38,885	45,642
27	40,113	46,963
28	41,337	48,278
29	42,557	49,588
30	43,773	50,892